hänssler

W0391432

YAACOV ZINVIRT

Praxisbuch Feste Israels in Papierarbeiten

- Jüdische Feste
- Sitten & Gebräuche
- Bastelanleitungen zu Jom Kippur, Sukkot u. a.

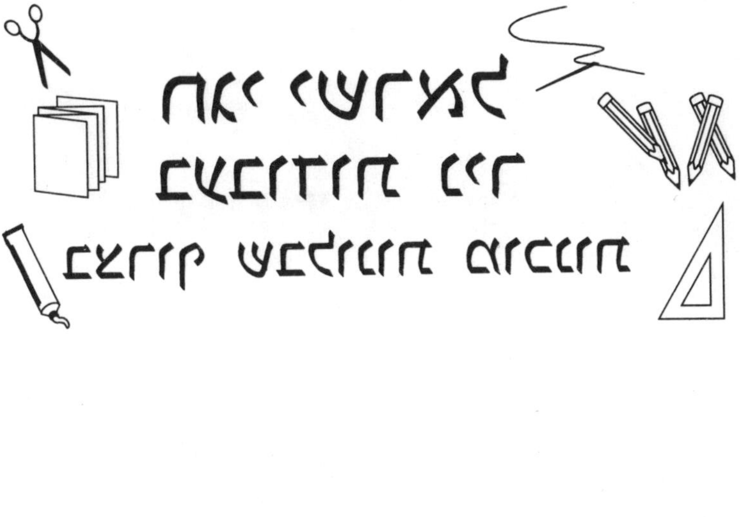

Yaacov Zinvirt, geb. 1962 in Jerusalem, von 1974-1980 Besuch des Gymnasiums mit Schwerpunkt Religionswissenschaften, nach dem Abitur von 1980-1985 Studium der Religionswissenschaften an verschiedenen Hochschulen in Israel, von 1986-1990 Ausbildung als Kantor, seit 1999 Rabbiner.
Seit 1990 beschäftigt er sich intensiv mit Basteltechniken, mit deren Hilfe er Kindern religiöse Unterrichtsinhalte näher bringt.

Hänssler-Paperback
Bestell-Nr. 393.906
ISBN 3-7751-3906-0

Internet: www.haenssler.de
E-Mail: info@haenssler.de
Umschlaggestaltung: Ingo C. Riecker
Titelbilder: Photodisc (Hintergrund); privat
Satz: AbSatz, Klein Nordende
Druck und Bindung: Ebner & Spiegel, Ulm
Printed in Germany

INHALT

In diesem Buch werden alle jüdischen Feste in chronologischer Reihenfolge dargestellt und deren Sitten und Gebräuche erklärt. Anschließend erfolgen die dazugehörigen Bastelanleitungen.

Für Miriam, Betty, Schoschana und Sonja

Rosch ha Schana (Neujahrsfest)

Rosch ha Schana, das jüdische Neujahrsfest, bedeutet »Kopf des Jahres«. Es wird im jüdischen Monat Tischri, das ist der erste Monat im jüdischen Kalender, gefeiert und dauert zwei Tage. Es fällt in die Zeit des Sternzeichen Waage. Das Zeichen Waage symbolisiert das Abwägen zwischen gut und böse. Alle Juden sollen an diesen Tagen Bilanz ziehen. Alle sollen sich bewusst werden, welche schlechten Taten sie im vergangenen Jahr begangen haben. Das Ziel ist es, sich zu ändern, Streitigkeiten mit anderen Menschen zu bereinigen, einen Weg zu finden, sich zu entschuldigen, damit das Neue Jahr gut beginnen kann. Man stellt sich vor, dass Gott an diesen beiden Tagen über unsere Zukunft entscheiden wird. Dafür hat man bis zum Versöhnungstag Zeit. Der Versöhnungstag, der zehn Tage nach *Rosch ha Schana* begangen wird, heißt in hebräisch *Jom Kippur*.

Sitten und Gebräuche

Vor dem Fest werden schön gestaltete Grußkarten an Freunde und Verwandte geschickt.
Zu den verschiedenen Sitten und Gebräuchen an *Rosch ha Schana* gehören Folgende:
Z. B. das Essen von Äpfeln mit Honig am ersten Tag des Neujahrsfestes. Dies soll uns ein süßes kommendes Jahr symbolisieren. Am zweiten Tag isst man Granatäpfel. Granatäpfel haben viele kleine Kerne; diese symbolisieren unsere guten Taten, die so zahlreich sein sollen, wie die unzähligen Kerne des Granatapfels. An diesem Tag wird auch der Kopf eines zubereiteten Fischs gegessen, damit wir immer vorwärts streben und nicht zurückbleiben.
Ganz wichtig ist es, das *Schofarblasen* zu hören. Ein *Schofar* ist ein Horn eines Widders. Das *Schofar* wird sehr laut geblasen, es ist wie ein Alarm, ein Aufruf an die Menschheit, sich zu ändern.
Am ersten Tag von *Rosch ha Schana*, nach dem Mittagsgebet, gehen alle Juden an fließende Gewässer, um ihre Taschen zu ent-

leeren, z. B. Krümel zu entfernen. Diese werden in das Wasser geworfen, als Zeichen dafür, sich der schlechten Taten und Sünden zu entledigen, um als reiner Mensch in das neue Jahr gehen zu können. Diese Sitte wird *Taschlich* genannt.

Bastelanleitungen

Glückwunschkarten

Man faltet ein rechteckiges Papier (z. B. A 4) in der Mitte und zeichnet, wie in der Abbildung gezeigt, ein Motiv als Vorlage *(s. Schablonen S. 16 + 18)* auf das Papier und schneidet dieses aus.
Dieses Motiv dient dann jeweils als Glückwunschkarte.
Material: farbiges Papier

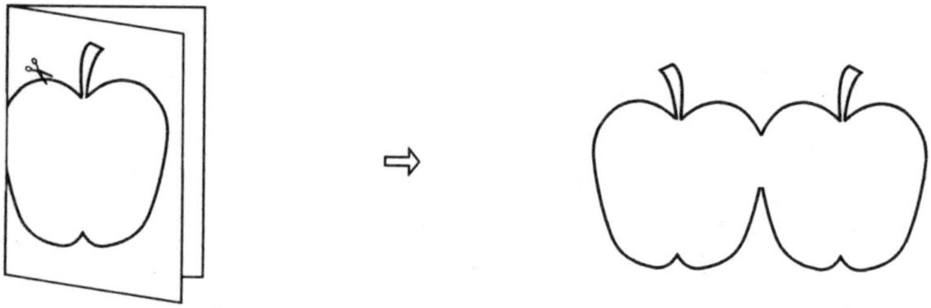

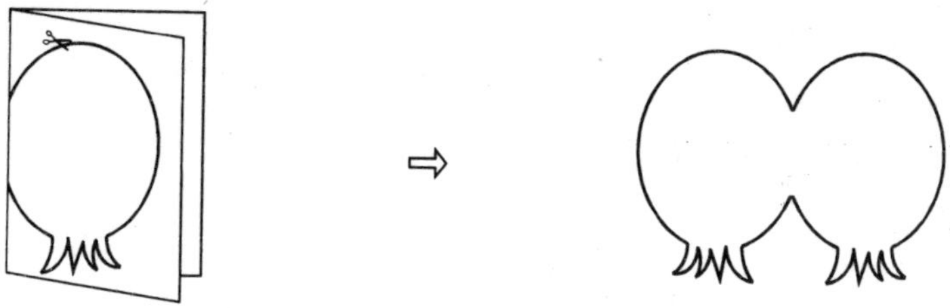

Honigkrug

Wie in der Abbildung dargestellt, zeichnet man auf ein kleines Blatt Papier ein Wabenmuster (sechseckig) oder verwendet die Schablone von S. 18 und klebt diese auf ein leeres Glas. Ebenso kann die Schablone von S. 18 als »Glasersatz« verwendet werden.

Material: farbiges und weißes Papier; evtl. Glas

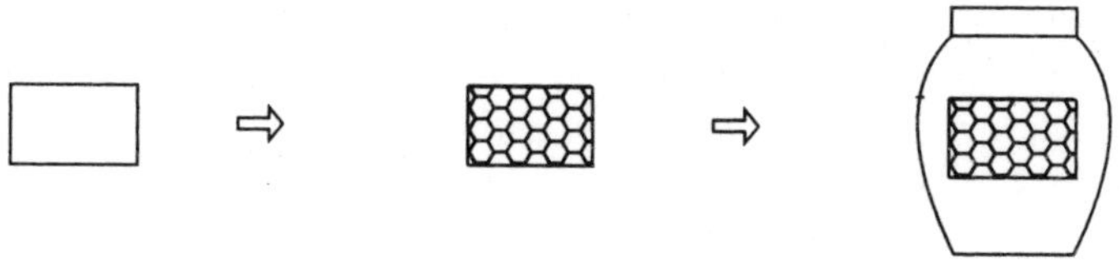

Fisch

Es werden zwei Dreiecke unterschiedlicher Größe ausgeschnitten. Die Spitze des kleinen Dreiecks wird in der Mitte einer Seite des größeren Dreiecks angeklebt. Schuppen, Augen und Flossen können aufgemalt oder aber auch ausgeschnitten und aufgeklebt werden.
Material: Papier unterschiedlicher Farbe; evtl. Stifte

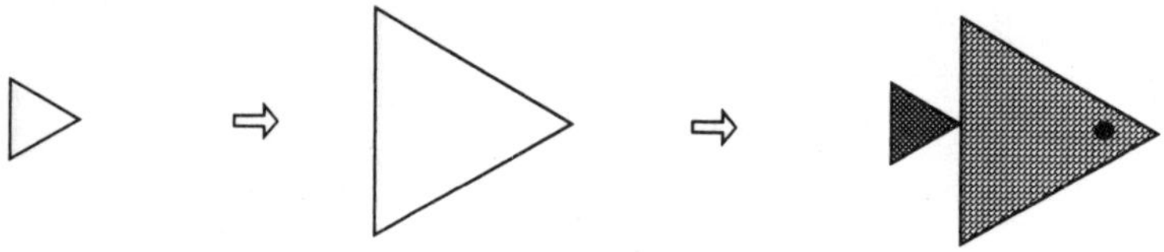

Taschlich

Für diese Bastelarbeit wird Fotokarton benötigt. Aus diesem wird die Form eines Sees *(Schablone S. 17)*, wie in der *Abbildung* dargestellt, ausgeschnitten. Von unten wird dieser See (Aussparung) mit grünem oder blauem Seidenpapier beklebt. Figuren *(s. Schablonen: Menschen S. 16, Bäume S. 52)* werden aus farbigen bzw. grünem Karton ausgeschnitten und senkrecht auf den Fotokarton geklebt. Dazu wird das Papier an der gestrichelten Linie gefaltet und der jeweils untere kleine Teil mit Klebstoff bestrichen. Zusätzlich können Wege eingezeichnet, Steinchen oder Sand aufgemalt oder aufgeklebt werden.
Material: Fotokarton (beige); grünes oder blaues Seidenpapier; grüner und farbiger Karton; Stifte; Klebstoff, evtl. Steinchen oder Sand

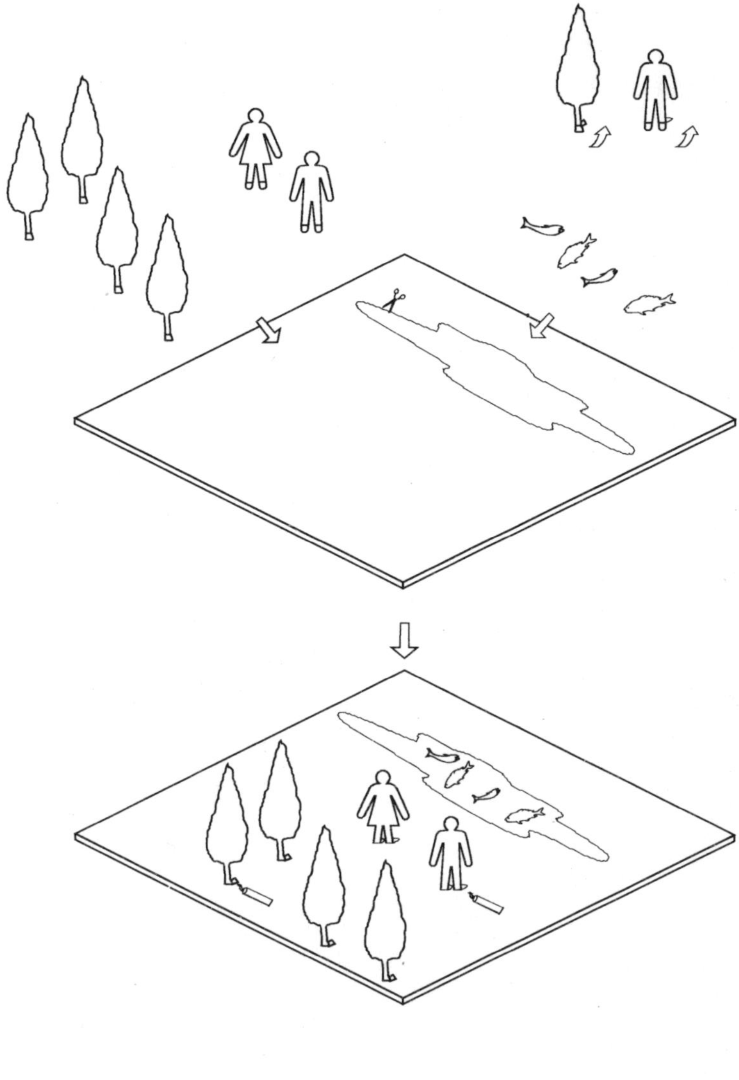

Schablonen

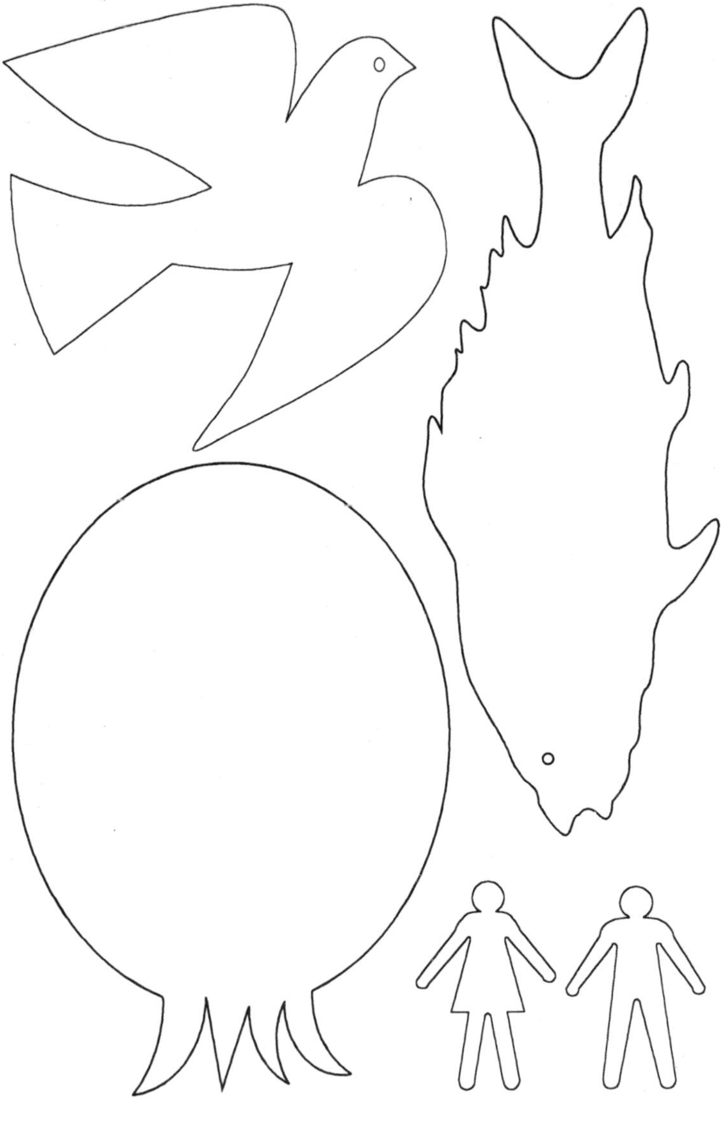

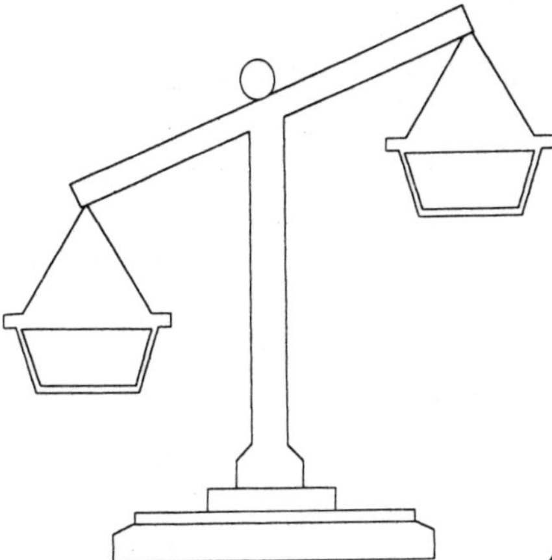

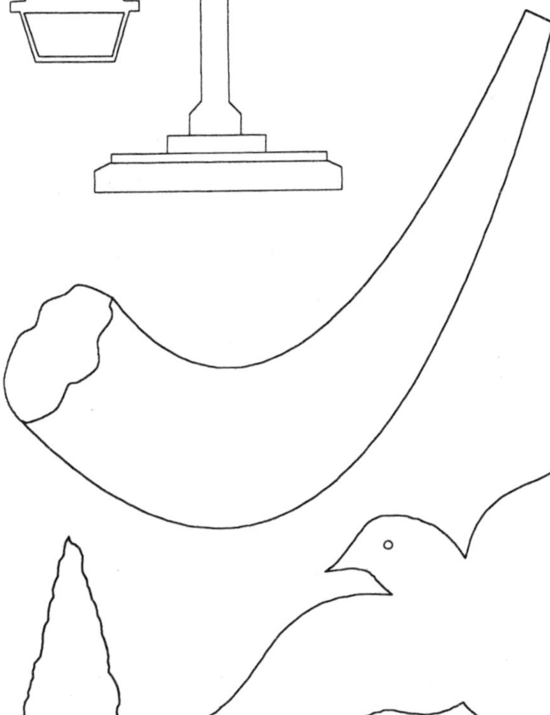

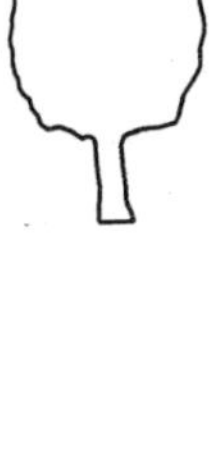

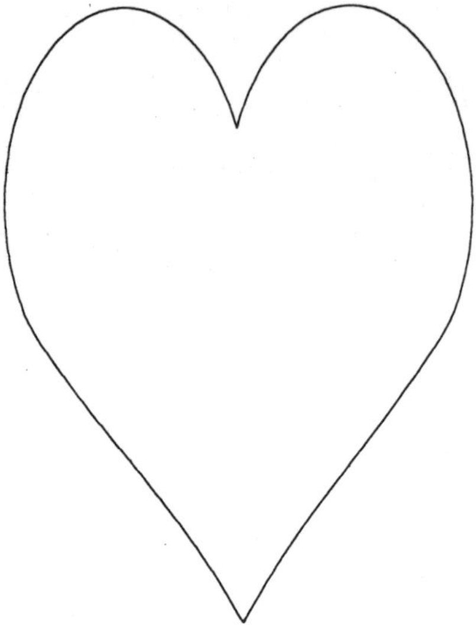

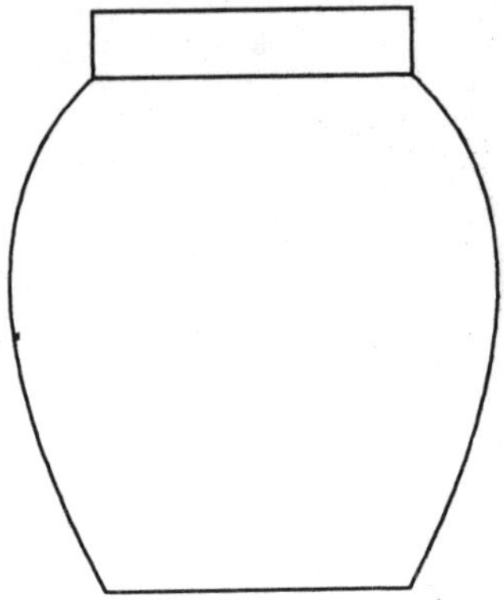

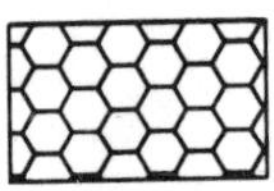

Jom Kippur (Versöhnungstag)

Jom Kippur wird auch Versöhnungstag genannt. Man bittet an diesem Tag um Vergebung der Sünden des vergangenen Jahres. Am zuvor beschriebenen Neujahrsfest, *Rosch ha Schana*, wird unsere Zukunft entschieden. Jeder hat aber noch die Chance, etwas zu ändern. An *Jom Kippur* jedoch wird unsere Zukunft für das kommende Jahr besiegelt.

Sitten und Gebräuche

An diesem Tag wird gefastet und alle irdischen Genüsse sind verboten. Außerdem gibt es die Sitte, als Symbol der Reinheit, weiße Kleidung zu tragen.

Als vor vielen Jahren noch der Tempel in Jerusalem stand, ging der hohe Priester zum heiligsten Ort im Tempel (Allerheiligstes) und bat für das gesamte Volk um Vergebung. Dort befand sich der Heilige Schrank, auch *Aron ha Kodesch* genannt, in dem sich die Gesetzestafeln befanden, die Moses am Berg Sinai empfangen hatte.

Am Vorabend von *Jom Kippur* nimmt jeder Geld und spricht ein Gebet mit der Bitte um Vergebung vergangener Sünden. Dieses Geld wird dann armen Menschen gespendet.

Am Abend, zu Beginn des Festes, wird das Gebet *Kol Nidre* gesprochen. Dieses Gebet entbindet den Menschen von vorangegangenen, nicht eingehaltenen Versprechen, die zwischen Gott und dem Menschen gemacht worden sind. Dadurch wird dem Menschen die Last abgenommen, das Versprechen nicht eingehalten zu haben.

Im *Mincha-Gebet* (Mittagsgebet) wird die Geschichte Jonas gelesen. Diese Geschichte handelt von einem Mann namens Jona. Ihm wurde von Gott befohlen, in die Stadt Ninive zu gehen, um die Menschen dort darauf aufmerksam zu machen, dass sie sich ändern sollten. Jona gehorchte den Worten Gottes nicht. Auf seiner Flucht über das Meer wurde er von einem Wal verschlungen. Nach Jonas Einsicht, sich doch dem Befehl Gottes zu beugen,

wurde Jona vom Wal an Land gespuckt. Jona ging daraufhin nach Ninive und überbrachte den Bewohnern die Mahnung Gottes, sich zu ändern. Das Volk war einsichtig und bereute seine Sünden.
Diese Geschichte verdeutlicht wichtige Punkte: Der Mensch soll Gottes Geboten gehorchen und sich ändern. Wer einsichtig ist wie Jona, dem wird vergeben.

Bastelanleitungen

Spendenbüchse

Auf der Oberseite einer Schachtel wird ein Schlitz in der Größe eines Geldstückes eingeschnitten. Die Schachtel wird nach Belieben bunt beklebt und das Wort Spende darauf geschrieben.
Material: Pappschachtel; bunte Papier- oder Geschenkpapierreste, Stift

Seelenkerze

Um die Öffnung einer Papprolle (Haushaltsrolle) wird auf ein farbiges Papier ein Kreis gezogen. Dieser Kreis wird ausgeschnitten und als Deckel auf eine Seite der Rolle geklebt. In der Mitte dieses Deckels wird ein kleiner Schlitz angebracht. Dann wird die Rolle mit dem gleichen farbigen Papier umhüllt und festgeklebt. Aus gelber Pappe wird eine Flamme ausgeschnitten und in den vorgeschnittenen Schlitz des Deckels gesteckt bzw. eingeklebt.

Material: leere Haushaltsrolle, farbiges Papier, gelbe Pappe, Klebstoff

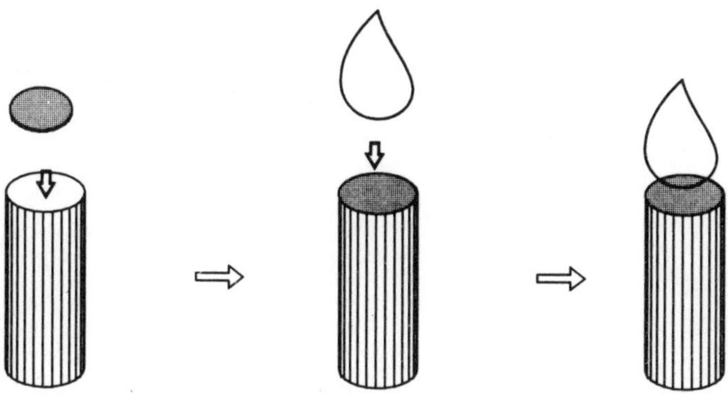

Gebetbuch

Eine Schachtel wird mit Klebstoff bestrichen und mit Papier beliebiger Farbe ummantelt, wobei die Ummantelung größer sein muss als die Schachtel selbst.
Material: Schachtel, farbiges Papier, Klebstoff

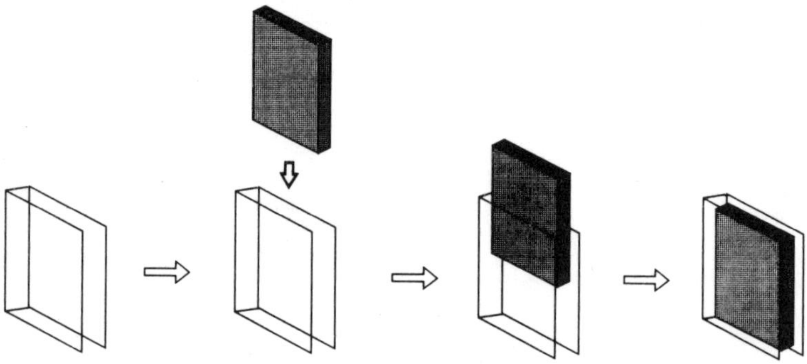

Schablonen

Sukkot (Laubhüttenfest)

Sukkot wird am 15. Tischri, dem ersten Monat im jüdischen Kalender, gefeiert. Es steht im Zeichen der Waage und dauert sieben Tage.
Sukkot wird oft mit »Laubhüttenfest« übersetzt. Diese Übersetzung beinhaltet schon den geschichtlichen biblischen Hintergrund. Nachdem das Volk Israel aus Ägypten auszog, bauten sie sich auf ihrem Weg durch die Wüste zum Heiligen Land Laubhütten. Außerdem fällt das Fest in die Jahreszeit der Fruchternte.

Sitten und Gebräuche

Jede Familie baut eine *Sukka* (Laubhütte). Wer aus irgendwelchen Gründen keine *Sukka* bauen kann, geht zu *Sukkot* in die Synagoge, das jüdische Gebetshaus, denn dort wird immer eine sehr große *Sukka* für alle Betenden errichtet.
Die *Sukka* darf nur aus Naturprodukten bestehen: Die Wände sind aus Holz, das Dach wird aus Ästen, Latten und Zweigen gefertigt. Ein Brauch ist es, die *Sukka* besonders schön mit Bastelarbeiten und Früchten zu schmücken sowie einen schönen Tisch mit feinem Geschirr zu decken, denn in der *Sukka* werden die Hauptmahlzeiten eingenommen. Eine schöne Sitte ist es auch, Gäste in die *Sukka* einzuladen, um mit ihnen das Fest gemeinsam zu verbringen.
Vor dem Laubhüttenfest wird ein Gebinde aus Pflanzen und Früchten hergestellt. Dieses Gebinde besteht aus einem Palmenzweig, drei Myrtenzweigen und zwei Ästen der Bachweide. Es wird mit einem *Etrog (*eine Art Zitrusfrucht), zusammen in den Händen gehalten und darüber ein spezieller Segensspruch am Laubhüttenfest gesprochen. Das Gebinde und der *Etrog* symbolisieren die verschieden Arten der Menschen, denn jede Pflanze hat verschiedene Eigenschaften. Die Palme hat eine gut schmeckende Frucht, die Dattel, besitzt jedoch selbst keinen Geruch. Der *Etrog* hat sowohl Geruch als auch Geschmack. Myrten haben wiederum nur einen guten Geruch, keinen angenehmen Ge-

schmack. Die Bachweide besitzt weder einen Geruch noch einen Geschmack. Trotz der verschiedenen Eigenschaften der Menschen, bilden sie alle zusammen eine Einheit. Egal, wie ein Mensch ist, er ist Teil des Ganzen. Genau deshalb sind sie hier in Form eines Gebindes dargestellt.
An *Rosch ha Schana* wird Bilanz gezogen, man wägt ab zwischen guten und schlechten Taten. An *Jom Kippur* wird über das kommende Jahr entschieden, aber der letzte Tag von *Sukkot* gilt dann abschließend als Tag von Gottes Urteil über den Menschen.

Bastelanleitungen

Ringkette

Wie in der Abbildung unten dargestellt, schneiden wir bunte Papierstreifen aus, bilden mit dem nächsten Papierstreifen einen Ring *(s. Zeichnung unten)* und kleben den Papierstreifen zusammen. So wird eine Ringkette in beliebiger Länge gebildet.
Material: buntes Papier, Klebstoff

Etrog (Zitrusfrucht)

Ein ausgeblasenes Ei wird gelb angemalt. Auf die spitze Seite des Eis wird die in der Schablone angegebene Form als Spitze aufgeklebt.
Material: ausgeblasene Eier, gelbes Papier, gelbe Wasserfarbe

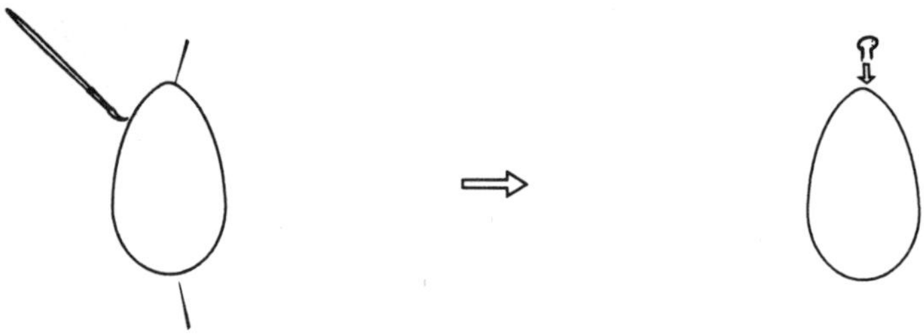

Sukka (Laubhütte)

Wie in der Abbildung unten dargestellt,werden in einen Karton ohne Deckel (z. B. Schuhkarton) Fenster und eine Tür eingeschnitten. Die Innenwände können mit kleinen Girlanden geschmückt oder bemalt werden. Als Dach werden Äste bzw. Palmwedel *(s. Schablone S. 35)* verwendet, mit denen das Dach »gedeckt« wird.
Material: Karton oder Schachtel ohne Deckel, Stifte, grünes Papier

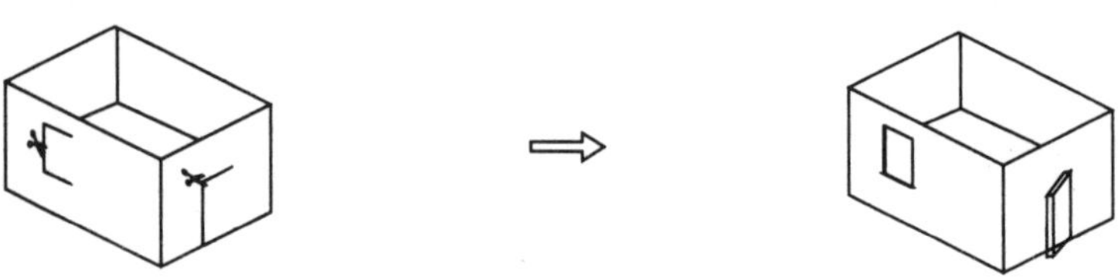

Stern

Die einzelnen Schablonen *(s. S. 28-31)* werden aufgezeichnet und jeweils an den gestrichelten Linien ausgeschnitten. Die Sterne unterschiedlicher Größe werden mit verschiedenen Farben angemalt. Zuerst wird nun der kleinste Stern genommen. Der nächst größere Stern wird darunter gelegt und dessen Laschen von unten durch die Laschenöffnungen des kleineren Sterns gesteckt. Anschließend legt man den nächst größeren Stern darunter und steckt dessen Laschen wiederum durch die Öffnungen der beiden ersten Sterne usw.
Material: Papier, Stifte

Ellipse

Bastelanleitung siehe unter »Stern«.

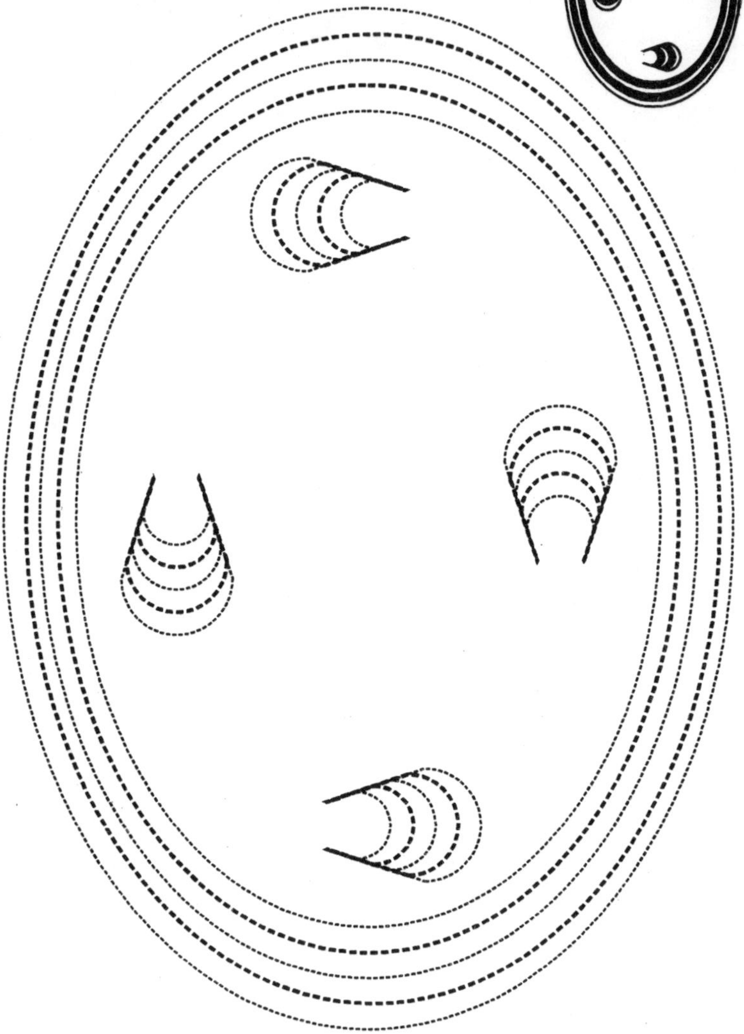

Gesetzestafeln

Bastelanleitung siehe unter »Stern«.

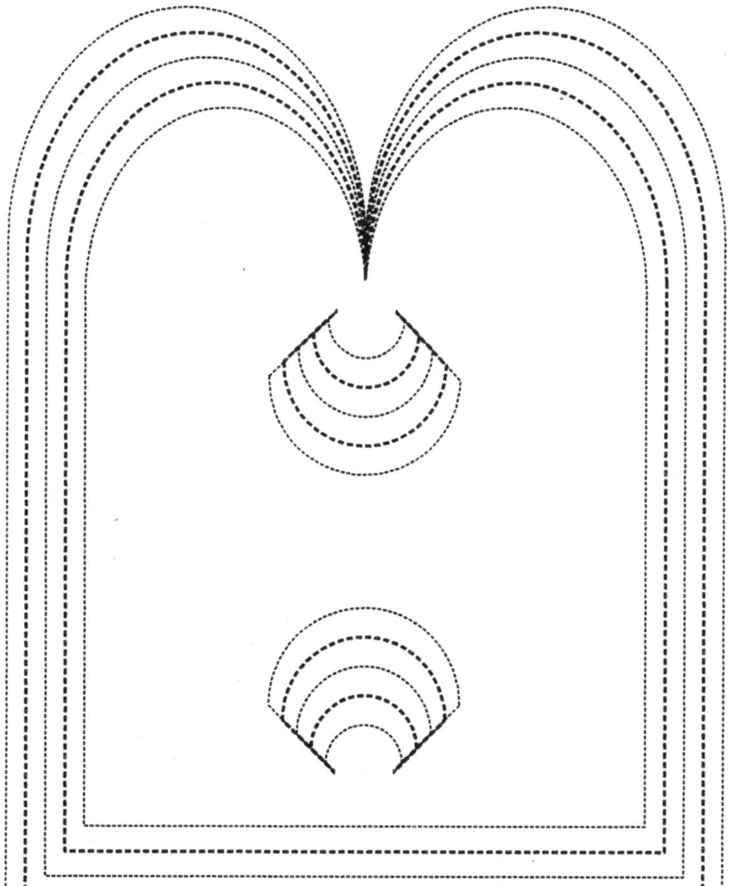

Apfel

Bastelanleitung siehe unter »Stern«.

Schablonen

Schmeni Azeret (8. Sukkottag) – Simchat Thora (Thorafreudenfest)

Das Hauptthema des Festes *Schmeni Azeret* ist der Regen. Deshalb wird an diesem Tag extra ein Gebet für den Regen gesprochen. In jüngerer Zeit wurde dem Fest *Schmeni Azeret* eine zweite Bezeichnung, *Simchat Thora*, hinzugefügt. Der Ursprung dieser Bezeichnung liegt bei den Juden in Babylon. Aus der Thora, die in 54 Abschnitte unterteilt ist, wird wöchentlich ein Abschnitt vorgelesen. Die Juden in Babylon richteten es nun so ein, dass nach Beendigung der Lesung des letzten Abschnittes der Thora gleich wieder mit der Lesung des ersten Abschnitts begonnen wird. Dies symbolisiert einen Kreis – Ende und Anfang liegen beieinander.

Sitten und Gebräuche

Am Abend und am Tag von *Simchat Thora* umkreisen die Betenden mit allen Thorarollen in den Armen sieben Mal das Thorapult. Dieser Umzug wird von den Kindern Fähnchen schwenkend begleitet.

Außerdem ist es üblich, bei der gewöhnlichen Lesung eines Thoraabschnitts sieben Betende nacheinander aufzurufen, um sie aktiv an der Lesung teilnehmen zu lassen. An *Simchat Thora* wird der Wochenabschnitt jedoch in viel kleinere Teile aufgeteilt, um möglichst viele Betende – ausnahmsweise auch Jugendliche unter 13 Jahren – zur Lesung aufrufen zu können und um mehr Beter als sonst, am Freudenfest teilhaben zu lassen.

Fahne

Eine Fahne wird in der Form, wie in der Abbildung unten gezeigt, aus Papier ausgeschnitten. Anschließend werden die Abbildungen von den Gesetzesstafeln *(s. Schablone S. 40)* auf farbiges Papier kopiert, ausgeschnitten und auf die Fahne geklebt. Dann wird die Papierfahne an einen Holzstab, wie in der Abbildung dargestellt, geklebt.
Material: farbiges und weißes Papier, Holzstab, Klebstoff

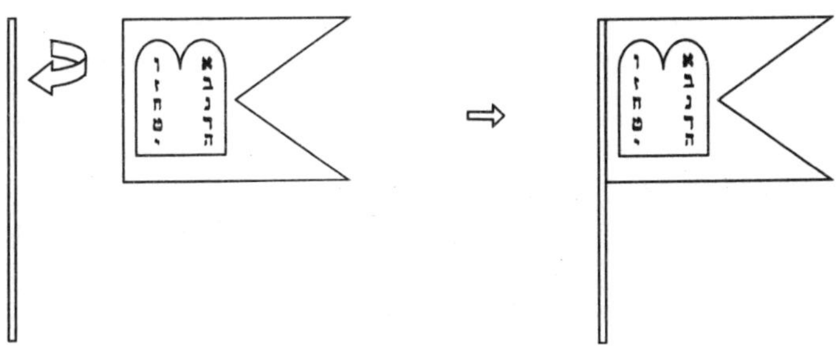

Thora (Bibel)

Zuerst wird ein rechteckiger Bogen Pappe von beiden Außenseiten zur Mitte hin eingerollt. Dann werden zwei Rechtecke – wie angegeben – in der Mitte ausgeschnitten. Die beiden Rollen werden bis zum Schnittpunkt wieder zusammengerollt und anschließend oben und unten mit Klebefilm umwickelt, um ein erneutes Abrollen zu verhindern. Für den Thoramantel eignet sich dunkelblauer Samt. Der Mantel wird aus einem rechteckigen Samtschal, der an den kurzen Seiten des Rechteckes zugenäht wird, gefertigt. Es entsteht eine Schlauchform. Ein rundes Stück Samtstoff, das mit zwei Schlitzen versehen sein muss, wird oben eingenäht. Dadurch entsteht eine Form einer unten geöffneten Tonne. Der Mantel wird mit zwei Löwen und mit den Zehn Geboten beklebt *(s. Abbildung S. 40)*. Unten am Rand des Mantels wird eine Fransenkette aus Silberpapier geklebt (Silberpapier dafür einschneiden; *s. Abbildung S. 39*). Dann wird eine Hand (ausgestreckter Zeigefinger; *s. Abbildung S. 40*) aus Silberpapier ausgeschnitten.
Am »Handgelenk« wird oben ein Loch geschnitten und ein Silberfaden hindurchgezogen und verknotet, um die Hand später nach Fertigstellung, um die Thorarolle hängen zu können.
Die hervorragenden Rollenhalter werden je mit einer Manschette (Krone) aus Silberpapier geschmückt. Dazu wird Silberpapier gefaltet und, wie in der Abbildung dargestellt, eingeschnitten, die Enden zusammengeklebt und um beide Rollenhalter gelegt.
Material: 1 Bogen Pappe, dunkelblauer Samt, Papier, Silberpapier, Klebefilm, Klebstoff

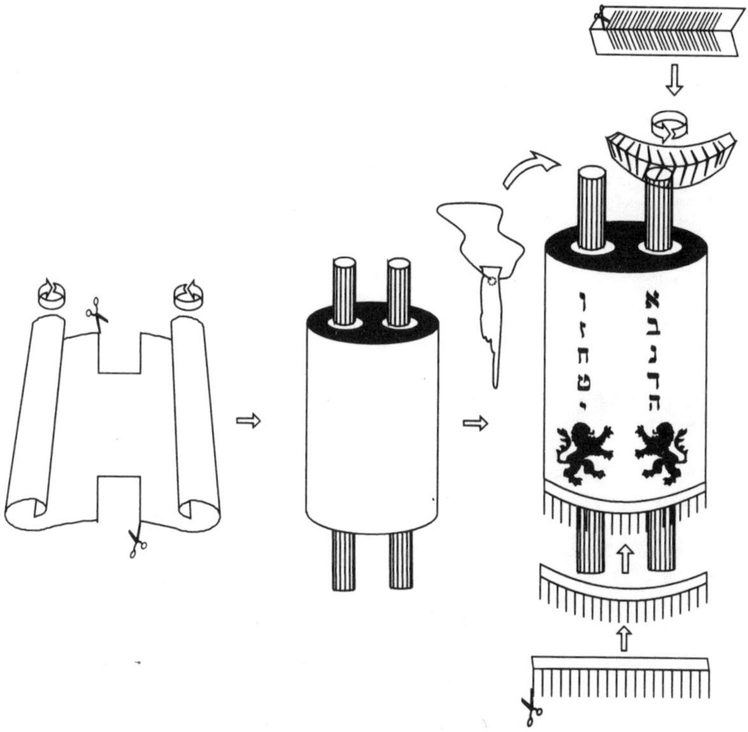

Schablonen

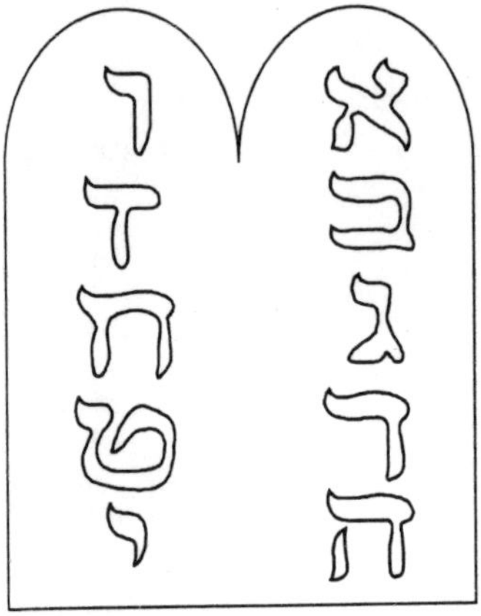

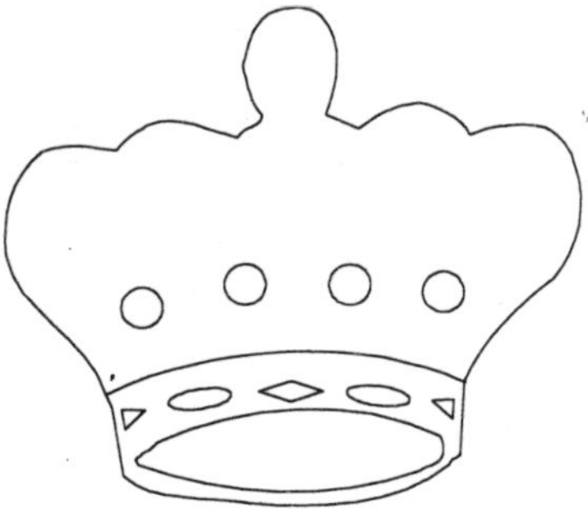

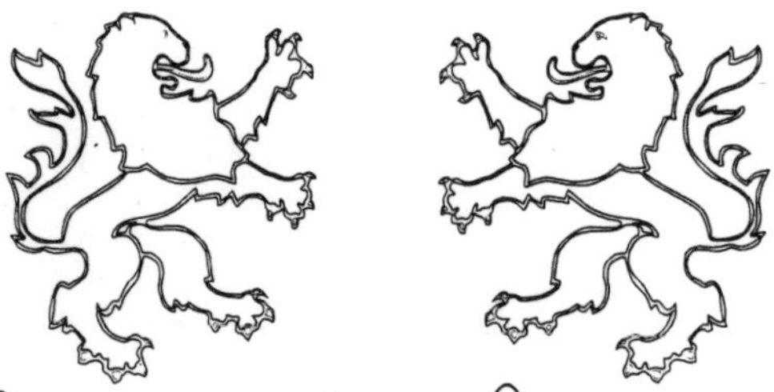

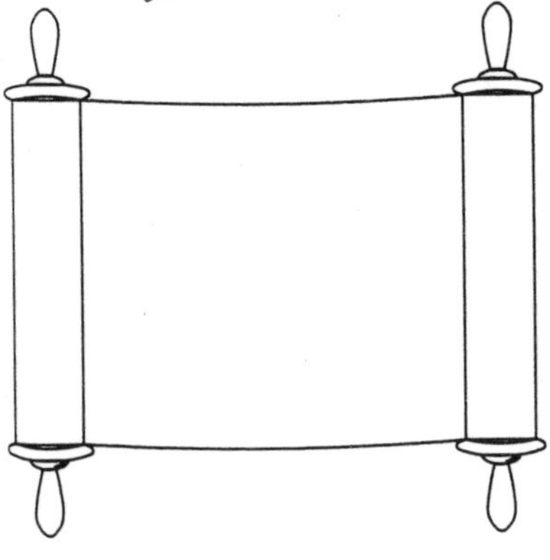

Chanukka (Lichterfest)

Chanukka, das Lichterfest, feiert man am 25. Kislew, dem dritten Monat im jüdischen Kalender und fällt in das Sternzeichen Schütze. Man feiert dieses Fest acht Tage lang.
Das Fest *Chanukka* erinnert an zwei wichtige Ereignisse: Im zweiten Jahrhundert vor der christlichen Zeitrechnung war Israel von den Griechen besetzt. Das jüdische Volk, die Makkabäer, leistete Widerstand und befreite Israel von der Unterdrückung. Bei der Reinigung des zuvor durch die Griechen entweihten Tempels wurde dann ein Ölkrug gefunden. Mit diesem Öl entzündete man im Tempel die Menora, den jüdischen siebenarmigen Leuchter. In den Ölkrügen war stets die Menge Öl abgefüllt, die genau für einen Tag ausreichte, um die Menora leuchten zu lassen. Das Wunder war, dass die Menora mit dieser Menge Öl nicht wie sonst einen Tag, sondern acht Tage lang unentwegt brannte. Deshalb wird dieses Fest auch acht Tage lang gefeiert.

Sitten und Gebräuche

Chanukka ist ein sehr fröhliches Fest. Kinder erhalten von ihren Eltern Geschenke, es werden Spiele mit einem Kreisel, der *Sewiwon* genannt wird, gespielt. Ein typisches Gericht sind Kartoffelpuffer und Pfannkuchen.
Zu *Chanukka* wird acht Tage lang die *Chanukkia*, ein achtarmiger Leuchter angezündet. Dazu werden entweder Kerzen oder Öl verwendet. Die *Chanukkia* hat noch einen weiteren Arm, der sich in seiner Form, je nach Gestaltung des Leuchters, von den anderen acht Armen unterscheidet. Man nennt ihn auch *Schamasch*; dies ist das hebräische Wort für »Diener«. Es wird immer erst der *Schamasch* angezündet, denn er dient dazu, die anderen Lichter zu entzünden. Am ersten Tag des Festes *Chanukka* wird das erste Licht mit dem *Schamasch* angezündet (wobei der *Schamasch* jeweils nicht mitgezählt wird), am zweiten Tag werden zwei Lichter angezündet usw., bis am achten Tag alle Lichter brennen.

Chanukkia (Leuchter aus Holz)

Auf einem Holzbrett werden acht gleich große Holzwürfel oder Bauklötze geklebt. Am Ende der Reihe wird ein doppelt so großer Holzwürfel als Schamasch geklebt. Auf die Holzwürfel werden Kronkorken mit der Öffnung nach oben geklebt, um den Kerzen einen Halt zu geben und tropfenden Wachs aufzufangen. Dann werden passende Kerzen befestigt (z. B. mit Heißklebepistole oder mit Wachsplättchen).
Material: Holzbrett, 8 Holzwürfel, 1 größerer Holzwürfel, 9 Kerzen, 9 Kronkorken, Klebstoff, Holzleim, evtl. Wachsplättchen oder Heißklebepistole

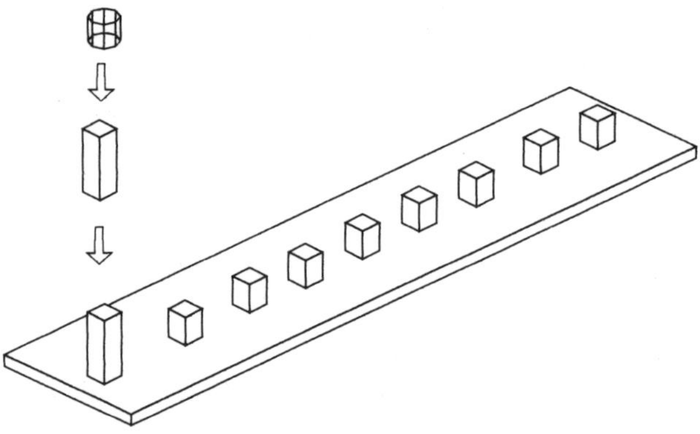

Sewiwon (Kreiselkette)

Ein Blatt Papier wird fächerförmig gefaltet und die Form eines Kreisels aufgezeichnet und ausgeschnitten *(s. Schablone S. 48)*. Wenn wir das Papier dann wieder auffalten, erhalten wir die Kreiselkette!
Material: Papier, Stift

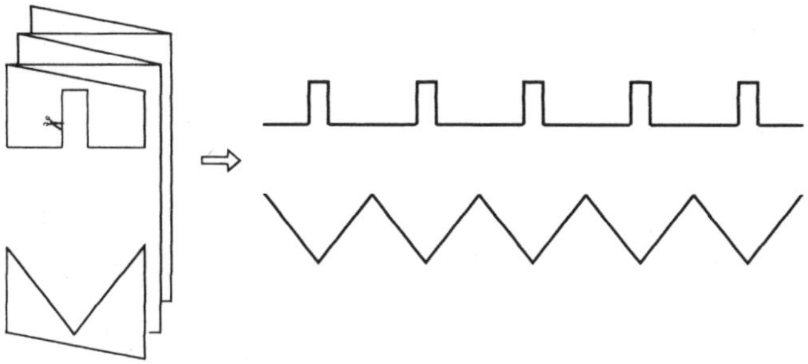

Chanukkia (Leuchter aus Papier)

Als Vorlage dient hier die Schablone S. 45. Alle gestrichelten Linien sind Schnittlinien, alle durchgehenden Linien werden in Pfeilrichtung gefaltet. Zum Schluss wird eine Flamme aus Goldpapier o. ä. auf die Chanukkia geklebt *(vgl. Abbildung unten).*
Material: Papier, Goldpapier, Klebstoff

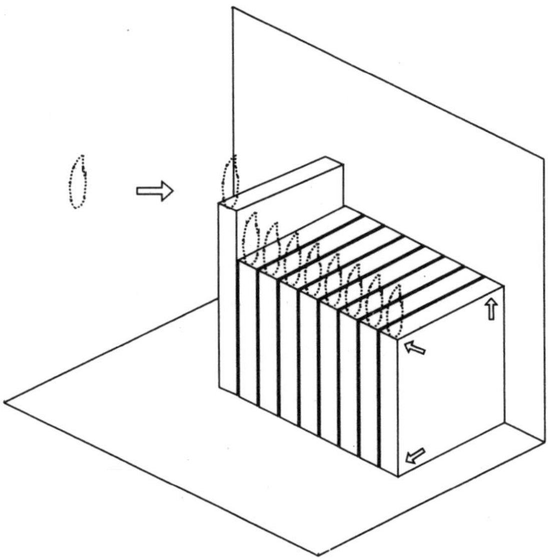

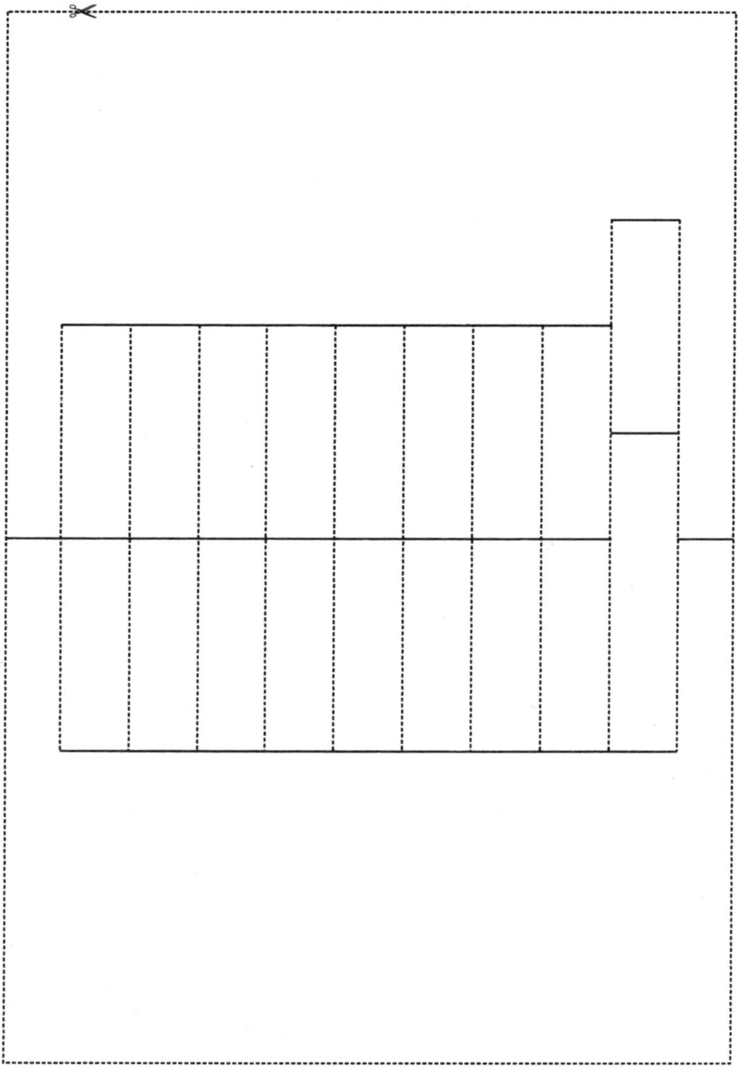

Sewiwon (Kreisel)

Zur Anfertigung des Sewiwon dient die Schablone S. 47. Alle gestrichelten Linien sind Schnittlinien, alle durchgehenden Linien werden nach innen gefaltet. Alle Flächen außer Dreiecke und Quadrate sind Klebeflächen. Das kleine Papierrechteck (Mitte links) wird zusammengerollt, geklebt und in die obere Öffnung des Kreisel als Halter eingefügt.
Material: Papier, Klebstoff

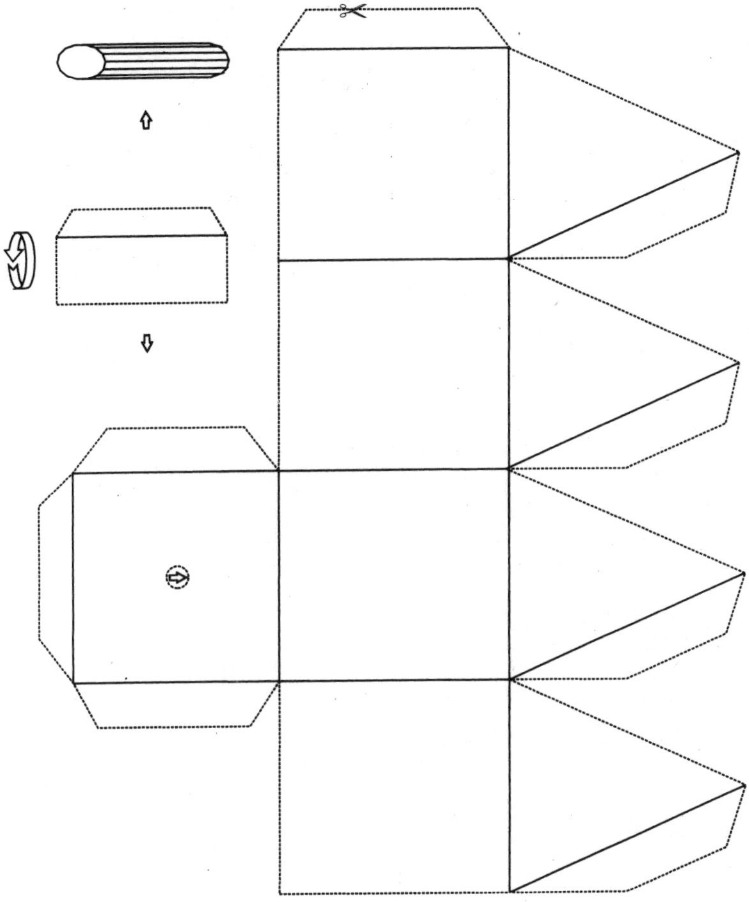

Schablonen

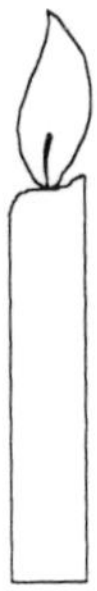

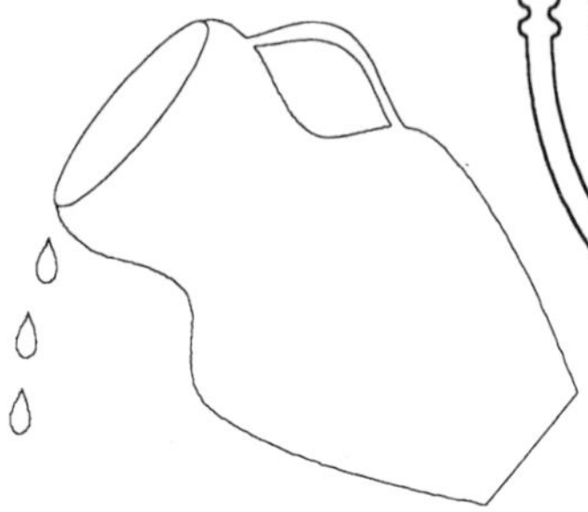

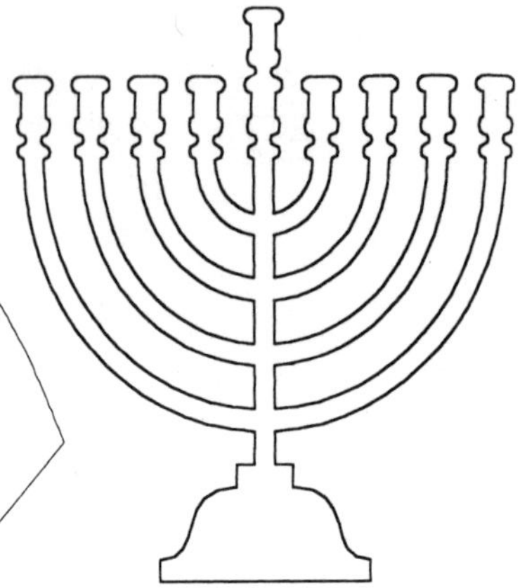

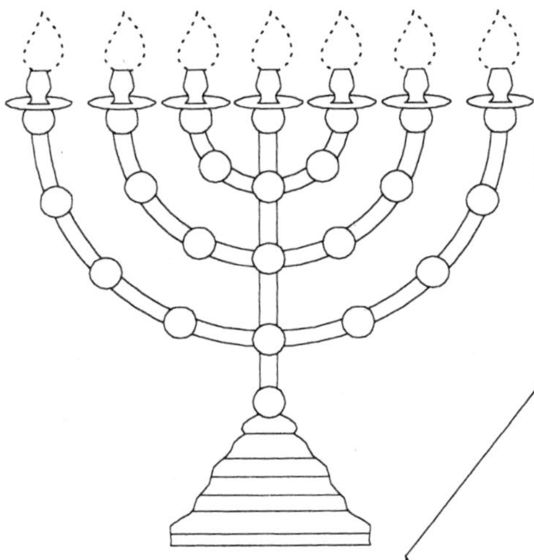

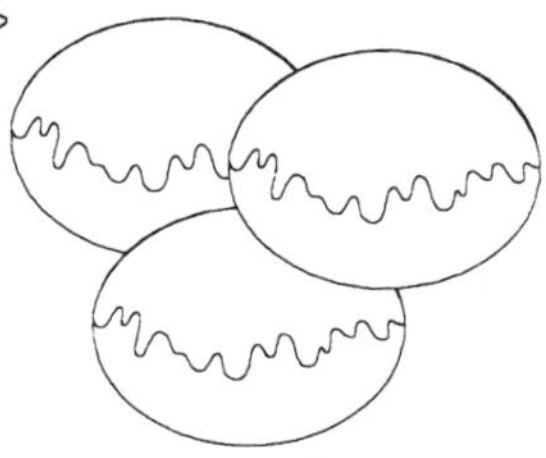

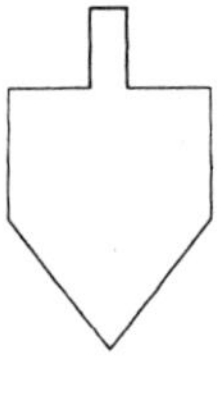

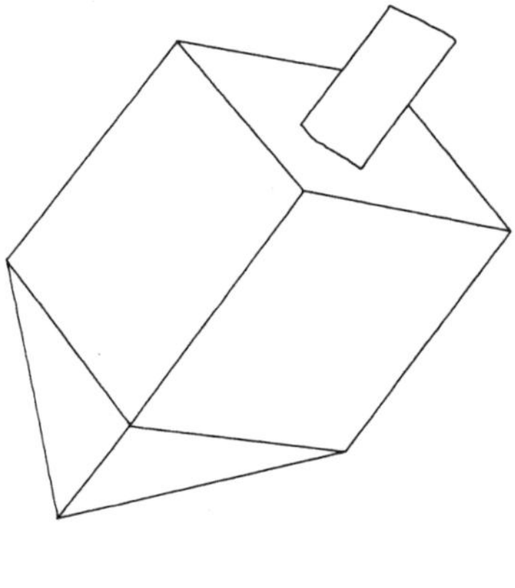

Tu bi Schwat

Dieses Fest findet am 15. Schwat statt. Schwat ist der fünfte Monat im jüdischen Kalender und fällt in die Zeit des Sternzeichens Wassermann. Das Fest wird auch das Neujahrsfest der Bäume genannt und dauert einen Tag.

Sitten und Gebräuche

An diesem Tag werden die sieben Getreide- und Fruchtsorten, mit denen das Land Israel gesegnet wurde, gegessen. Dies sind Weizen, Gerste, Weintrauben, Feigen, Granatäpfel, Oliven und Datteln. Kinder pflanzen an diesem Tag junge Bäume und tragen schöne Blumenkränze auf ihren Köpfen.

Baumpapierkette

Ein langer Papierstreifen wird in Form eines Fächers gefaltet und ein Baum, wie unten abgebildet, aufgezeichnet und ausgeschnitten *(Schablone S. 52)*. Nach dem Auffalten des Papiers entfaltet sich die Baumkette.
Material: Papier, Stift

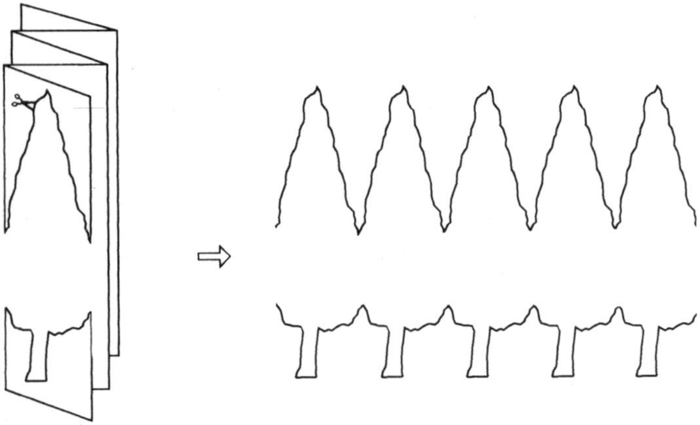

Blätter- und Granatapfelkette

Bastelanleitung siehe unter »Baumpapierkette«.

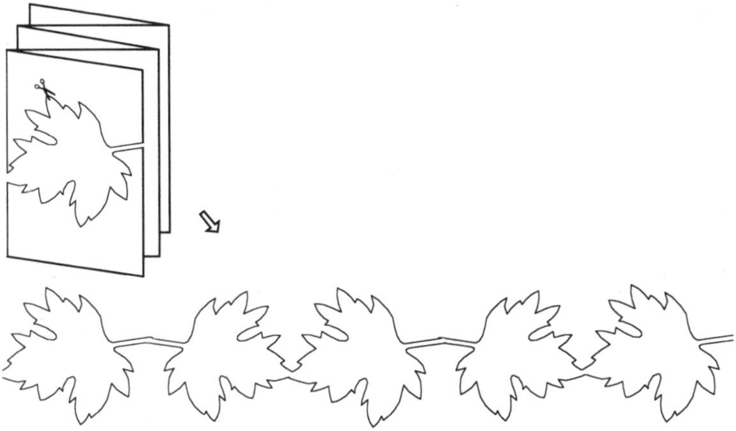

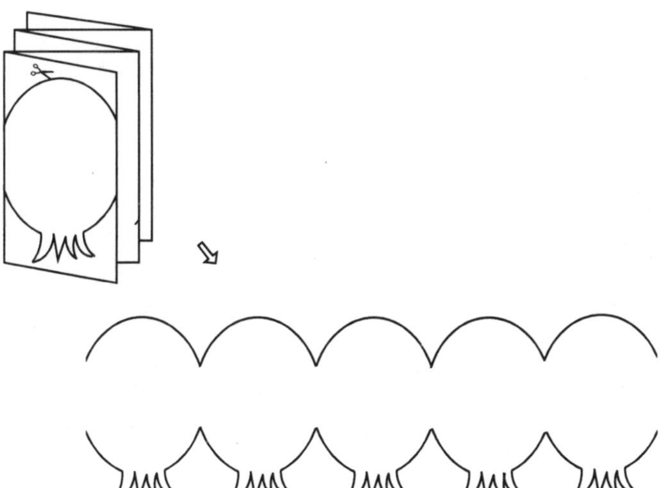

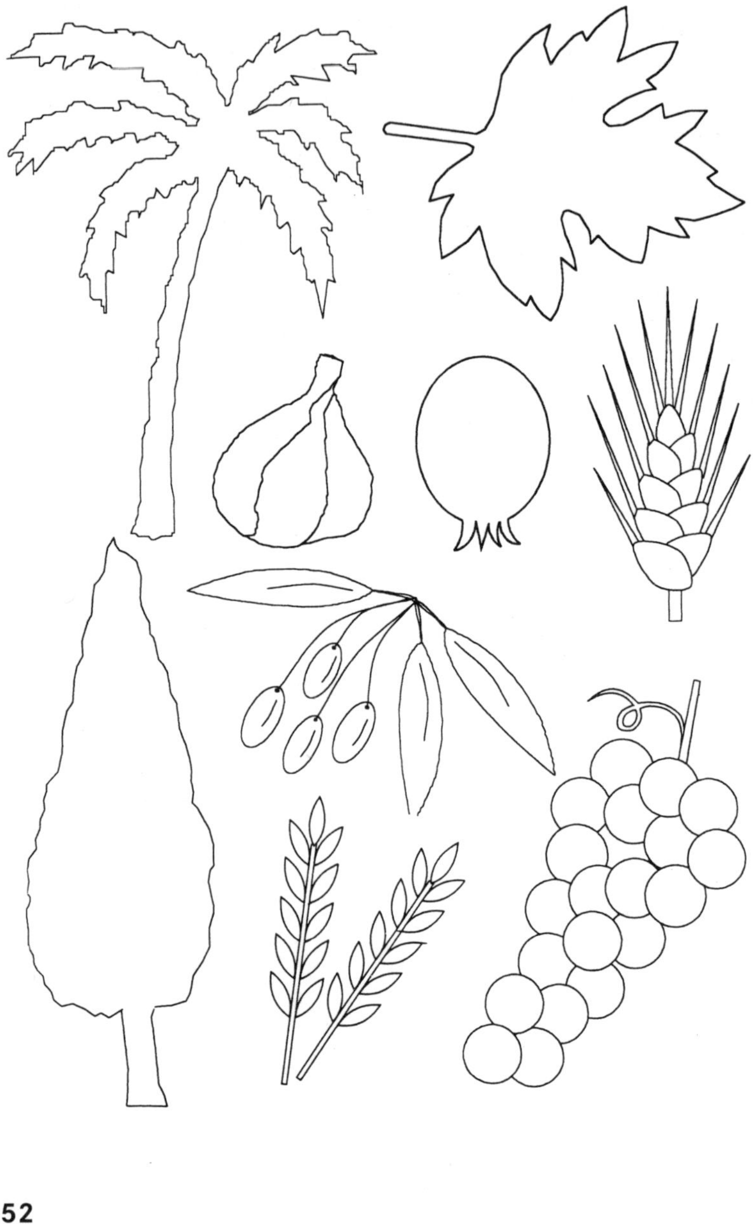

Purim

Das Fest *Purim* wird am 14. Adar gefeiert. Adar ist der sechste Monat im jüdischen Kalender und steht im Sternzeichen der Fische.
Pur heißt übersetzt »Los«, was im Zusammenhang mit einer Begebenheit steht, die den Juden vor vielen Jahren widerfahren ist. Das Fest erinnert an die Rettung des jüdischen Volkes durch einen weisen Juden mit Namen Mordechai und Ester, »die Tochter Abihajils, des Oheims Mordechais, die er als Tochter angenommen hatte«.
Vor langer Zeit regierte in Persien König Ahasveros. Dieser König hatte eine Frau, die ihm den Gehorsam verweigerte. Deshalb ließ er im ganzen Land nach einer neuen Braut suchen. Ester, eine Jüdin, ging auf Anraten Mordechais zum König und wurde seine Auserwählte. Der König selbst wusste jedoch nicht, dass sie Jüdin war. Der König lebte sehr zufrieden mit Ester. Haman, der Staatsdiener des Königs, hasste die Juden. Durch List und Verleumdungen brachte er den König dazu, der Tötung aller Juden des Landes an einem bestimmten Tag, welcher durch ein Los festgelegt wurde, zuzustimmen.
Mordechai gab Ester weise Anweisungen, die sie an den König weiterleitete. Ebenso gab sie sich im Lauf der Zeit dem König gegenüber als Jüdin zu erkennen. So konnte sie die Lügen Hamans aufdecken und dadurch ihr Volk retten.

Sitten und Gebräuche

Zur Erinnerung an diese Begebenheit wird diese Geschichte am *Purimfest* aus der Schriftrolle Ester gelesen. Die Schriftrolle Ester wird in der Synagoge oder zu Hause gelesen. Wenn der Name des Staatsdieners Haman während der Lesung fällt, wird dieser durch lauten Krach, mit *Knarren oder Schurren* und Stampfen der Füße, übertönt.
Es ist eine Sitte, sich an diesem Tag zu verkleiden – egal, ob junge oder alte Menschen. Man feiert ausgelassen, trinkt Wein

und isst *Osnej Haman* (Hamanohren oder auch Hamantaschen genannt). Dies sind mit Mohn gefüllte Teigtaschen, die die Form eines Dreiecks besitzen.

Bastelanleitungen

Schriftrolle Ester

Eine Papprolle (z. B. leere Haushaltspapierrolle) von ca. 20-30 cm Länge wird längs zu zwei Dritteln von unten aufgeschnitten. Dann werden zwei Kreise mit dem Umfang der Papprolle auf ein Papier übertragen, ausgeschnitten und für später beiseite gelegt. An einem dünnen Holzstab, der länger als die Rolle sein muss, wird ein kleines Stück einer rechteckigen Pappe, das kürzer ist als die Länge der Rolle, angeklebt, sodass eine Art Fahne entsteht. Die aufgeschnittene Papprolle wird vorsichtig über den Holzstab gestülpt. Dabei wird das Papier in den zuvor aufgeschnittenen Schlitz eingefügt.
An die beiden äußeren Ecken der Pappe werden zwei Dreiecke geklebt *(s. Abbildung S. 55)*, um beim Aufrollen der Papierrolle ein Einrollen in die Papprolle zu verhindern. Nun wird in die Mitte der beiden zuvor ausgeschnittenen Kreise je ein Loch mit dem Holzstab gestochen. Von oben und unten werden diese beiden Papierkreise durch den Holzstab gesteckt und damit die Papprolle beidseitig geschlossen. Dann nimmt man zwei Holzkugeln mit je einem Loch und steckt diese auf je eine Seite des Holzstabs. Der überstehende Holzstab an der Oberseite wird abgesägt.
Der aufgeschnittene Schlitz in der Papprolle wird von unten bis zur herausgerollten Papierfahne zugeklebt, um ein Herausrutschen der aufgewickelten Papierfahne zu verhindern.
Zum Schluss wird die äußere Papprolle durch Bekleben, Anmalen etc. verziert. Die innere Rolle (Papierfahne) kann mit Symbolen des Festes beklebt werden *(s. Schablonen 58)*.

Material: Haushaltspapierrolle, Pappe, Papier, Holzstab, 2 Holzkugeln mit Loch, Stifte, Klebstoff

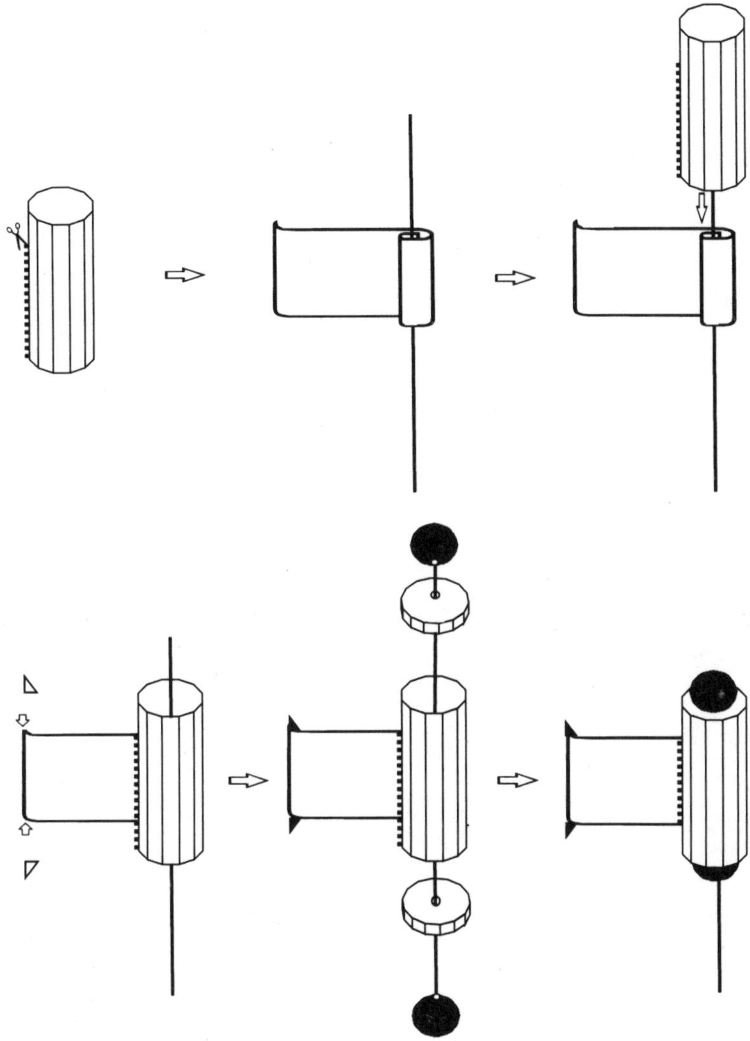

Hamantaschen

Aus Papier wird ein Kreis mit einem beliebigen Radius ausgeschnitten. Dann wird im Papierkreis ein gleichschenkliges Dreieck aufgezeichnet *(s. Abbildung unten).* Im Uhrzeigersinn wird das Papier auf den Dreieckslinien nach innen gefaltet, sodass als äußere Form ein Dreieck entsteht. In der Mitte kann man Mohn einzeichnen oder echte Mohnkörnchen festkleben.
Material: Papier, Stifte, evtl. Mohn, Klebstoff

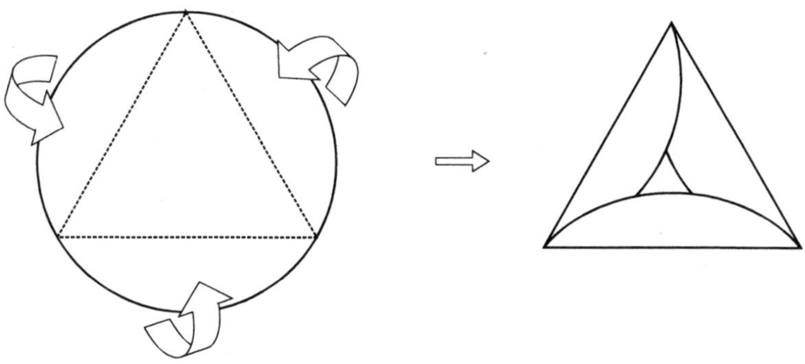

Knarren

Eine Pappschachtel wird mit Reiskörnchen, Erbsen oder Steinchen gefüllt. Dann wird in die Schachtel in der angegebenen Weise *(s. Abbildung unten)* ein Loch gemacht. Anschließend wird ein Holzstab durchgesteckt und mit Holzkugeln (mit Loch) oben und unten befestigt *(vgl. Anleitung bei »Rolle Ester«).*
Material: Pappschachtel, Holzstab, 2 Holzkugeln mit Loch, Reiskörnchen, Erbsen oder Steinchen, Klebstoff

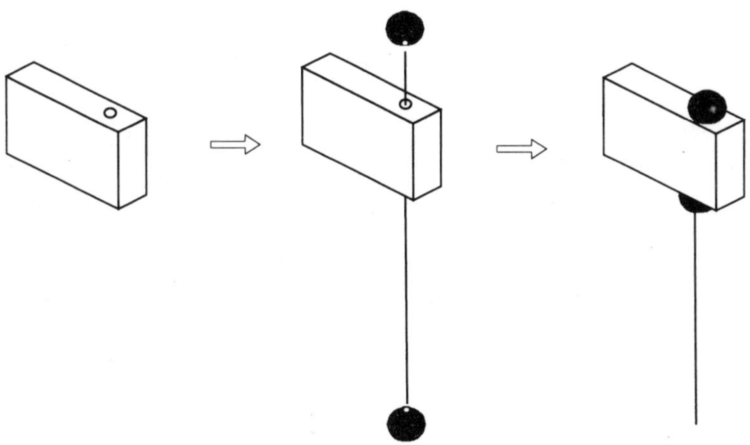

Schablonen

Passa (Auszug aus Ägypten)

Im Judentum gibt es drei Wallfahrtsfeste: *Passa, Schawuot* und *Sukkot*. An diesen Festen pilgerten die Juden in früheren Zeiten nach Jerusalem zum Tempel. Auch heute ist es eine Sitte, zur Westmauer oder auch Klagemauer, der *Kotel ha Ma'Aravi* zu pilgern.
Das *Passafest* wird am 15. Nissan gefeiert, welches im Zeichen des Widders steht, es heißt auch Frühlingsfest (hebräisch: *Chag ha Awiw*), im Sinne der Erneuerung des Menschen und der Natur.

Einst lebte der Israelit Josef in Ägypten. Er war zum Stellvertreter des Pharaos (Königs) ernannt worden, weil er Ägypten vor einer großen Hungersnot bewahrt hatte. Als nun in seinem Heimatland Kana'an, das heutige Israel, eine Hungersnot ausbrach, wandten sich seine Brüder und andere Israeliten an ihn, mit der Bitte, ihnen zu helfen. Die Brüder Josefs und deren Vater Jakob blieben in Ägypten, siedelten sich dort an und wurden ein großes Volk. Lange ging alles gut, bis ein neuer Pharao an die Macht kam, die Israeliten unterdrückte und zu seinen Sklaven machte. Die Israeliten mussten sehr harte Arbeiten verrichten, wie z. B. den Bau der Städte Pithom und Ramses und zahlreicher Pyramiden. Da sich das Volk der Hebräer (Israeliten) trotz der Unterdrückung weiter vergrößerte, befahl der Pharao, jeden neugeborenen Sohn zu töten und nur die Mädchen am Leben zu lassen. Damit bezweckte er die Ausrottung der Israeliten. Leider wurden viele Kinder getötet. Eine Mutter jedoch, Jochewet, machte ein Körbchen und setzte dieses auf dem Nil aus. Sie hatte die Hoffnung, der kleine Junge würde überleben. Im Schilf versteckt beobachtete seine Schwester Mirjam das weitere Geschehen. Sie sah, wie die Tochter des Pharaos das Körbchen mit ihrem Bruder aus dem Wasser holte. Diese wusste natürlich, das es sich um ein Kind der Israeliten handelte. Da das Kind vor Hunger schrie, trat Mirjam aus dem Schilf hervor und bot der Pharaonentochter an, eine israelitische Amme (ihre Mutter) könnte gerne für das Kind sorgen. Die Tochter des Pharaos nahm das Angebot an und nannte das Baby Mose. Mose wuchs als Ägypter auf, fühlte sich aber dem unterdrückten israelitischen Volk sehr nahe. Eines Tages sah er wie ein Ägypter einen Israeliten schlug. Mose war darüber so erbost, dass er den Ägypter erschlug. Am folgenden Tag erfuhr er, dass alle über den Vorfall sprachen. Das ängstigte ihn so sehr, dass er in ein anderes Land flüchtete. Dort heiratete er und bekam zwei Söhne. Währenddessen ging die Sklaverei weiter, das Wehklagen der Israeliten veranlasste Gott dazu, sich Mose in einem brennenden Busch zu offenbaren. Gott befahl Mose, das Volk der Israeliten, dem auch Mose angehörte, aus der Sklaverei des Pharaos mit seiner Hilfe zu befreien. Da Mose einen Sprachfehler hatte, sollte Aaron, sein Bruder, für ihn sprechen. Mose kehrte nach Ägypten zurück, um beim Pharao um die Entlassung seines Volkes aus der Sklaverei zu bitten. Der Weg bis zum endgültigen Auszug aus Ägypten war sehr schwer, denn der Pharao wollte natürlich seine Sklaven nicht verlieren. Keine Bitte von Mose beim Pharao, sein Volk ziehen zu lassen, wurde erhört. So schritt Gott mit harten Plagen gegen die Ägypter ein: Wasser wurde zu Blut; Frösche, Ungeziefer, wilde Tiere überfluteten das Land; die Pest breitete sich aus; die Ägypter wurden mit Blasen befallen; Hagel zog über sie hinweg; Heuschrecken und Finsternis plagte sie. Dann erst ließ Pharao Mose rufen und wollte die Israeliten ziehen lassen, doch er wollte alles Hab und Gut der Israeliten behalten – auch deren Rinder und Schafe. Mose lehnte dies ab. Er wollte, dass das Volk mit seinen gesamten Besitztümer Ägypten verlassen konnte. Der Pharao blieb hart und willigte nicht ein. Da sandte Gott die letzte angekündigte Plage: der Tod jedes Erstgeborenen – egal ob Mensch oder Tier, egal ob jung oder alt. Zum Schutz seines Volkes, befahl Gott allen Israeliten ein Lamm zu schlachten. Das Fleisch sollte zum Verzehr zubereitet werden. Das Blut des Lammes sollte an die Türpfosten jedes israelitischen Hauses gestrichen werden, damit Gott in dieser Nacht an deren Häusern vorüberschreiten konnte. Passa stammt von dem Wort »hinüberschreiten«.

Dadurch wurden die Israeliten gerettet. Pharao ließ das Volk ziehen. Auf ihrer Flucht fehlte den Israeliten die nötige Zeit, den Teig für ihre Brote genügend durchsäuern zu lassen. Deshalb aßen sie nur ungesäuertes Brot. Ihr Weg führte sie durch das Rote Meer, welches Gott für sie spaltete. Auf ihrer Flucht wurden sie aber von Pharao und seinen Soldaten verfolgt, denn er hatte seine Entscheidung, seine Sklaven ziehen zu lassen, bereut. So folgte er ihnen bis zum Roten Meer, er dachte, er könnte alle einholen und ritt in das gespaltenen Meer. Die Israeliten beeilten sich, um das Ufer auf der anderen Seite zu erreichen und schafften es auch. Der Pharao jedoch ertrank mit seinen Soldaten in den Fluten des sich wieder schließenden Meeres. Anschließend dauerte es vierzig Jahre bis das Volk das gelobte Land erreichte; noch viele schwere Dinge musste es über sich ergehen lassen.

Sitten und Gebräuche

Vor dem *Passafest* wird in jeder Familie ein großer Hausputz gestartet: Alle Lebensmittel, bei deren Produktion Gärungs- oder Säuerungsprozesse benötigt werden (z. B. Brot, Gebäck, Teigwaren, Bier, Hefeprodukte), werden aufgebraucht. Es wird darauf geachtet, während des *Passafestes* nur ungesäuerte Lebensmittel zu verzehren. Ebenso achtet man auch darauf, Seifen, Putzmittel und Zahnpasten zu verwenden, deren Inhaltsstoffe für die *Passazeit* geeignet sind.

Am Vorabend des *Passafestes* wird das gesamte Haus nochmals nach Gesäuertem durchsucht.

Vor dem *Passafest* wird eine *Sederschüssel* angerichtet, *Seder* bedeutet auf deutsch »Ordnung«, denn die Anordnung verschiedener Lebensmittel auf der *Sederschüssel* erfolgt auf eine ganz bestimmte Art und Weise.

Zu Beginn des *Passafestes*, nach Sonnenuntergang, stellt man dann die *Sederschüssel*, meistens ein großer, runder Teller, auf den festlich gedeckten Tisch.

Auf ihr befinden sich folgende Dinge:

1. Sroa, ein durch Feuer angeschwärzter Knochen, und *Bejza*, ein hartgekochtes Ei. Diese Dinge erinnern an die im Tempel dargebrachten Opfer.
2. Maror sind Bitterkräuter; *Chaseret* ist Meerrettich oder bittere Salatblätter. Sie stehen als Zeichen für das bittere Leben, das die Israeliten in Ägypten erleiden mussten.
3. Charosset sind zerdrückte Früchte und ein Symbol für den Lehm, den die Israeliten herstellen mussten, um die Bauwerke wie Pyramiden zu bauen.
4. Karpass sind Petersilie oder Erdfrüchte sowie *Mej-Melach*, Salzwasser. Sie stehen dafür, den Kindern einen Anreiz zu geben, Fragen zu stellen.

Am Kopf des Tisches werden drei *Mazzot* (ungesäuerte Brote) gelegt, die daran erinnern sollen, wie eilig das Volk Israel das Land der Ägypter verlassen musste, sodass es nicht genug Zeit hatte, den Brotteig gehen zu lassen. Dabei entstand ungesäuertes Brot, die *Mazza*.
Am Abend wird dann die *Hagada schel Pessach*, die Erzählung vom Auszug aus Ägypten, gelesen und erzählt.
Die *Hagada* ist in hebräischer Sprache geschrieben, es ist aber eine Sitte, sie zu übersetzen. Viele *Hagadot* sind auch schon zweisprachig gedruckt. Das zeigt, wie wichtig diese Erzählung vom Auszug aus Ägypten für die Juden ist. Jeder soll sie verstehen können, denn auf ihrem Weg durch die Wüste empfingen die Juden die Gesetzestafeln, wurden ein Volk mit Gesetzen und Pflichten und erreichten das Land Kanaan, das heutige Israel.
Während der Lesung, die immer wieder durch das Verspeisen einiger auf der *Sederschüssel* befindlichen Dinge, durch Gebete, Erklärungen, Lieder oder Diskussionen der Gemeinschaft und auch durch das Mahl unterbrochen wird, wird u. a. aus vier Weinbechern getrunken, die für die vier verschiedenen Worte für Freiheit, die in der Thora gebraucht werden, stehen. Ein weiterer Becher wird für Elijahu, den Propheten, eingegossen.
Kinder »stehlen« vom Tisch ein Stück *Mazza* und verstecken dieses. Der Sedergebende, meistens der Vater, muss dieses Stück

finden, um die Mahlzeit feierlich abschließen zu können. Falls er das Stück nicht findet, muss er das Stück *Mazza* mit dem Versprechen, dem Kind einen bestimmtem Wunsch zu erfüllen, auslösen.
Zum Schluss wird noch einmal gesungen.
Ab dem zweiten *Passatag* bis zum Wochenfest, das *Schawuot* genannt wird, wird die *Omerzählung* durchgeführt, das sind insgesamt sieben Wochen.

Bastelanleitungen

Sederschüssel

Es werden sechs gleich große Kreise (entspricht den Schüsseln) und ein deutlich größerer Kreis (entspricht dem Teller) aus Karton ausgeschnitten. Alle Kreise werden mit Silberpapier überzogen. Die kleinen Kreise werden auf den großen Kreis, wie in der *Abbildung S. 64* gezeigt, aufgeklebt und mit den Worten versehen, die in der Abbildung zu sehen sind.
(Oben links: Ei = *Bejza*; oben rechts: Knochen = *Sroa*; in der Mitte: Bitterkraut = *Maror*; unten links: Petersilie oder Kartoffel = *Karpass*; unten rechts: zerdrückte Früchte = *Charosset*; ganz unten: Meerrettich = *Chaseret*; außerhalb des Kreises steht *Mej melach* = Salzwasser.)
Die Lebensmittel auf dem *Sederteller* können auch mit Knete nachgebildet werden.
Material: Pappe; Silberpapier; Papierstreifen mit Bezeichnungen oder Knetmasse

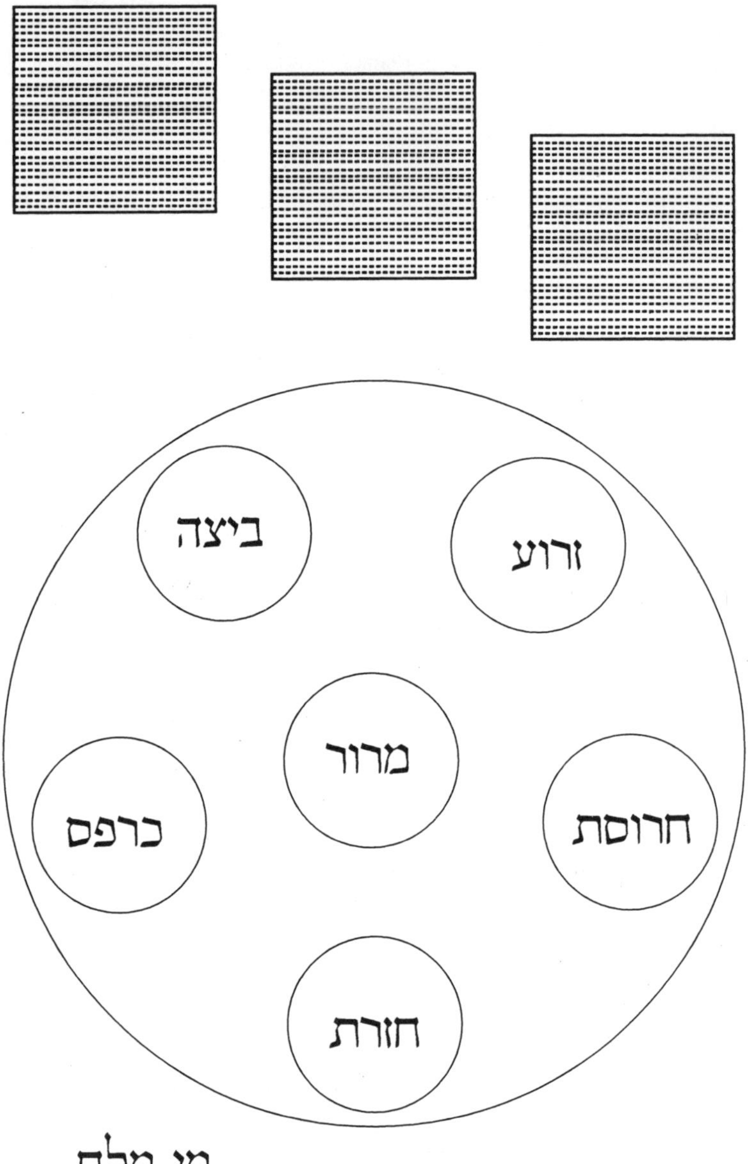

מי מלח

Mazza

Ein viereckiges Stück Pappe wird beidseitig mit weißem Papier beklebt. Anschließend werden parallel gestrichelte Linien mit dunkelbrauner Farbe eingezeichnet *(s. Abbildung unten).*
Material: Pappe, weißes Papier, dunkelbrauner Stift

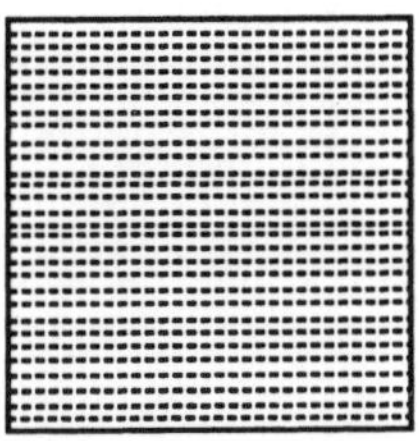

Schablonen

Lag ba Omer

Lag ba Omer (*Lag* steht für die Zahl 33, *ba Omer* für in der Omerzeit) wird am 33. Tag der *Omerzählung* gefeiert. Es erinnert an die Zeit in der *Bar Kochwa* lebte, ein bekannter Jude, der gegen die Unterdrückung seines Volkes in Israel kämpfte. Zu dieser Zeit herrschte eine Epidemie, bei der zahlreiche Schüler von Rabbi Akiwa starben. Am 33. Tag der *Omerzählung* jedoch, hörte das Sterben auf. Deshalb ist dieser Tag als Freudentag in die Geschichte eingegangen.

Sitten und Gebräuche

Verschiedene Sitten und Gebräuche sind z. B. das Feiern an Lagerfeuern. Es wird gesungen und gegessen. Kinder basteln sich Pfeil und Bogen. Am Grab von Rabbi Schimon Bar Jochai in Meron/Israel wird ein Freudenfest *(Hilulat Rabbi Schimon Bar Juchai)* gefeiert. Kindern im Alter von drei Jahren werden an diesem Ort das erste Mal die Haare geschnitten.

Menschenkette

Ein rechteckiges Papier wird in Form eines Fächers gefaltet. Anschließend wird eine Figur (Mann oder Frau) aufgezeichnet *(s. Abbildung unten bzw. Schablone S. 70)* und ausgeschnitten.
Material: Papier, Stift

Lagerfeuer

Eine rechteckige Pappe wird in der Mitte gefaltet. Auf der hochstehenden Seite wird die Form einer Flamme *(s. Abbildung S. 69 bzw. Schablone S. 70)* ausgeschnitten. Auf der Rückseite wird ein

orangenfarbenes Seidenpapier gegengeklebt. Dann wird Holz *(s. Schablone S. 70)* aus braunem Papier um die Flamme geklebt. Das Holz des Lagerfeuers kann aber auch aus Goldpapier und die Flammen aus rotem oder gelbem Papier ausgeschnitten und auf die hochstehende Seite geklebt werden. Auf der flachen Fläche wird eine Menschenkette, in einem Halbkreis angeordnet, aufgeklebt. (Die kleinen Flächen werden an der gestrichelten Linie umgefaltet, mit Klebstoff bestrichen und aufgeklebt.) Zur weiteren Verzierung können Wege etc. eingezeichnet werden.
Material: Pappe, orangenfarbenes Seidenpapier, braunes Papier, (oder Goldpapier und rotes und gelbes Papier), Klebstoff

Schablonen

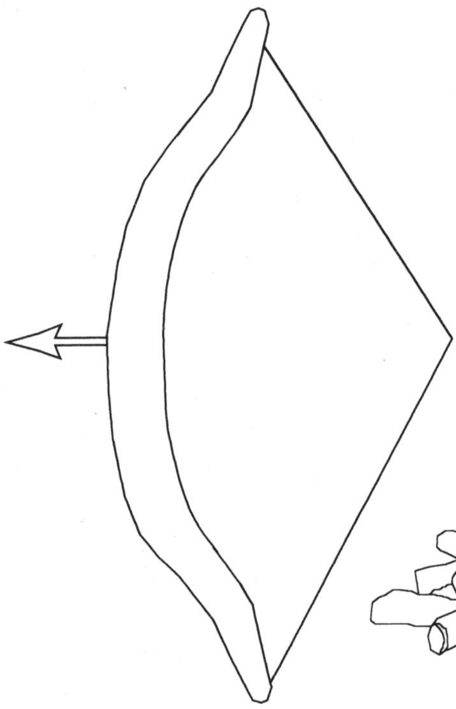

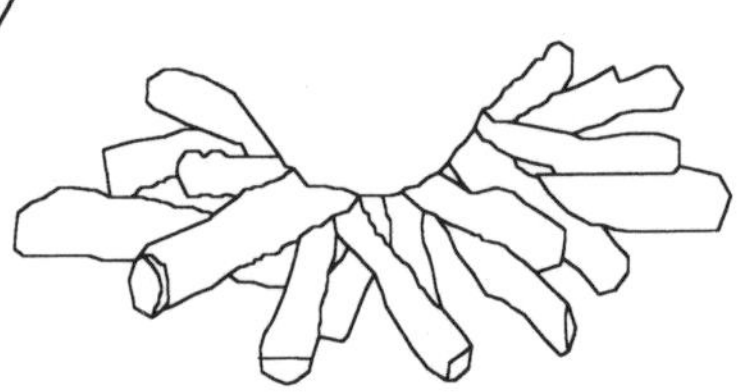

Schawuot (Wochenfest)

Schawuot wird am 6. Siwan gefeiert und fällt in die Zeit des Sternzeichens Zwilling. Nachdem das Volk Israel aus Ägypten zog, wanderte es unter der Führung von Mose durch die Wüste, um in das gelobte Land Kanaan, das heutige Israel, zu gelangen. Nach der Überlieferung ist am *Schawuotfest* die Thora am Berg Sinai empfangen worden. *Schawuot* wird auch *Chag ha Kazir*, das Schnittfest genannt, da zu dieser Zeit in Israel auch geerntet wird.
Eine andere Bezeichnung ist *Chag ha Bikurim*, Fest der Erstlinge, da an diesem Tag die ersten geernteten Früchte in Tempel dargebracht wurden.

Sitten und Gebräuche
An *Schawuot* werden bei der Thoralesung die Zehn Gebote und auch die Schriftrolle Rut gelesen. Die Synagogen werden besonders schön mit Grünpflanzen geschmückt. Da das Fest an den Empfang der Thora, der Bibel, erinnert, ist es eine Sitte, das in dieser Nacht nicht geschlafen wird. Man bleibt wach, trifft sich entweder in Synagogen oder privat mit Freunden und nutzt die Nacht zur Thoralehre.
Gegessen werden an diesem Tag nur milchhaltige Speisen.

Bastelanleitung

Körbchen
Alle gestrichelten Linien werden ausgeschnitten, alle durchgehenden werden nach innen gefaltet. Die Klebeflächen werden an die Nachbarflächen geklebt. Zum Schluss wird der Henkel ausgeschnitten und angeklebt.
Das Körbchen kann mit Früchten bemalt oder beklebt werden.
Material: Papier, Klebstoff, Stifte

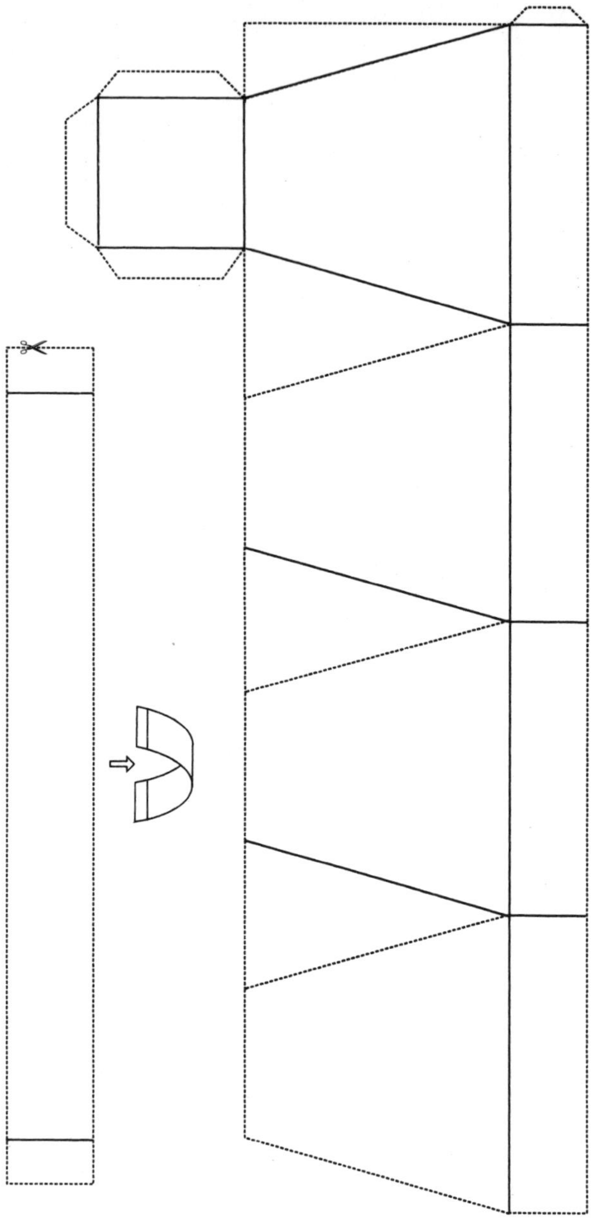

Schablonen

Zusätzliche Schablonen, die zum Schawuotfest passen, findet man auf S. 40.

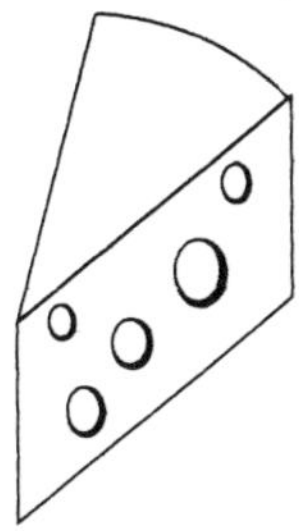

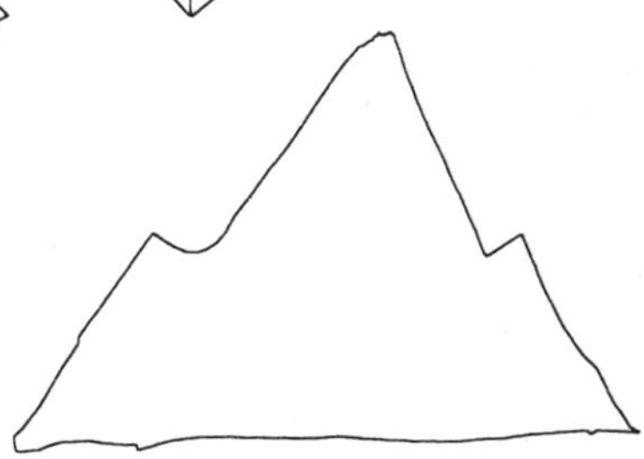

Jom ha Azma'ut (Tag der Unabhängigkeit)

Jom ha Azma'ut bedeutet »Tag der Unabhängigkeit«, da an diesem Tag, dem 14. 5. 1948, oder nach dem jüdischen Kalender am 5. Ijar, dem achten Monat, der in die Zeit des Sternzeichens des Zwilling fällt, der Staat Israel seine Unabhängigkeit zugesprochen bekam.

Sitten und Gebräuche

Dieser Tag wird sehr fröhlich gefeiert. Die Kinder haben in Israel schulfrei. Es gibt viele Veranstaltungen. Das gesamte Land wird mit Fahnen geschmückt. Die Eröffnungszeremonie wird am Grab vom Theodor Herzel, dem geistigen Urvater des Staates Israel, eingeleitet. Es wird ein Segensspruch über das Land Israel gesprochen. Im Ausland wird dieser Tag in den meisten Gemeinden ebenfalls durch viele verschiedene Feierlichkeiten begannen.

Bastelanleitung

Magen David (Schild Davids/Davidstern)

Auf ein Papier wird ein gleichschenkliges Dreieck beliebiger Größe aufgezeichnet und ausgeschnitten. Dann werden alle drei Ecken des Dreiecks so gefaltet, dass die Spitze die Mitte der gegenüberliegenden Seite berührt. Man erhält dadurch ein kleineres Dreieck. Alle nach innen gefalteten Dreiecke werden wieder zu Zweidrittel geöffnet und aufgefaltet *(s. Abbildung S. 75)*. Um dem Stern mehr Stabilität zu geben, werden die Teile im Uhrzeigersinn »verflochten«.
Material: Papier, Stift

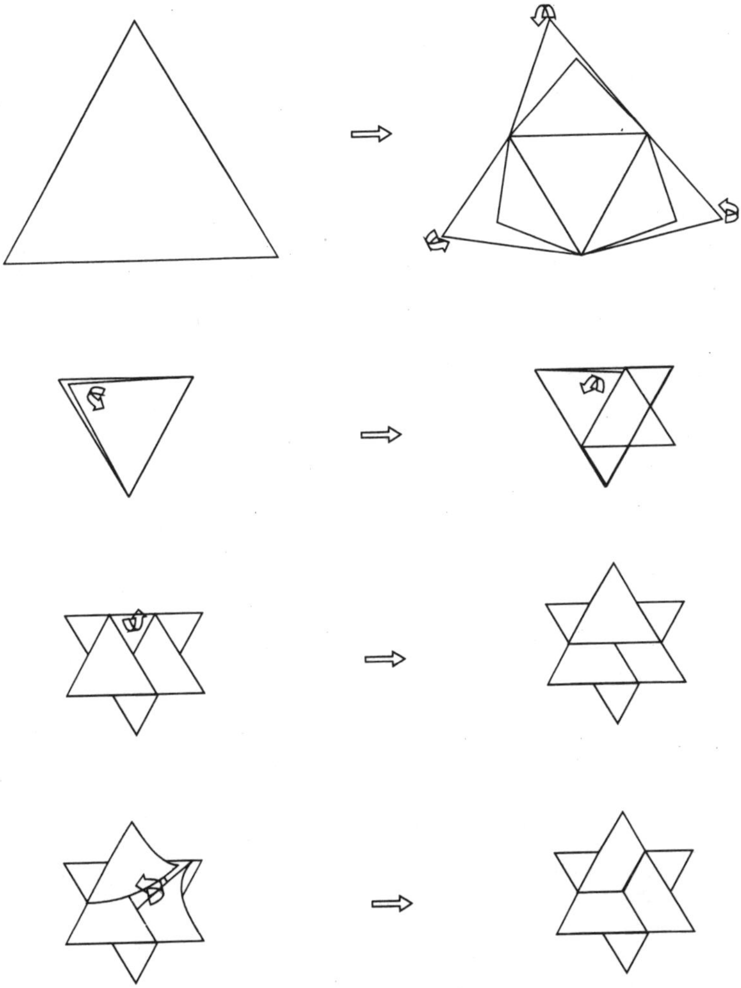

Schablonen

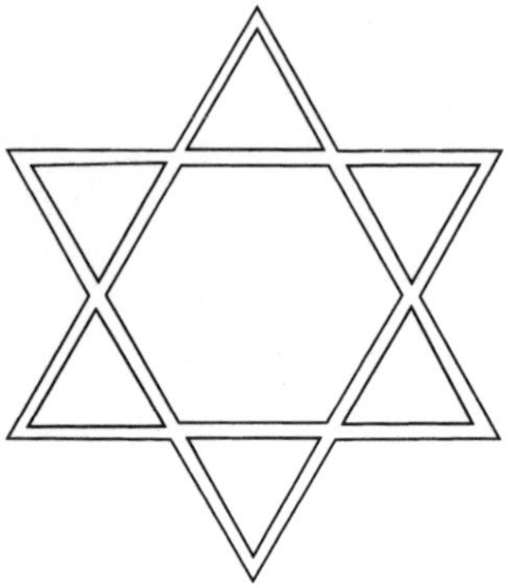

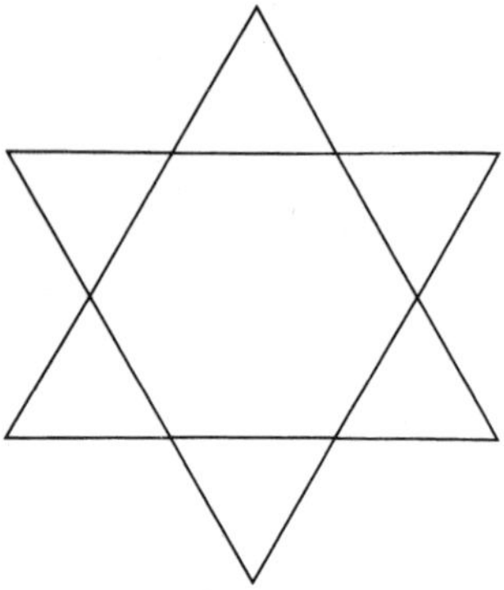

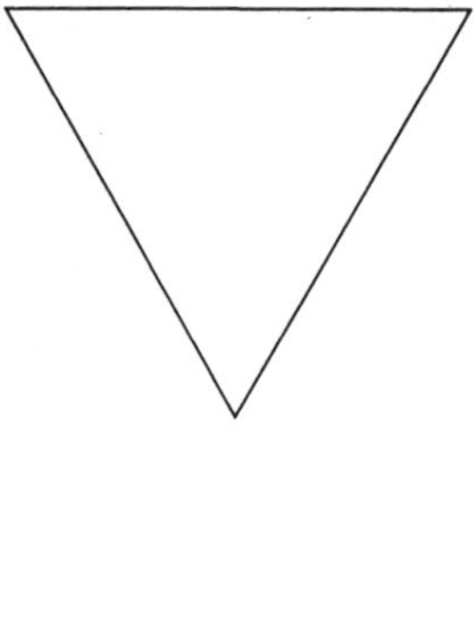

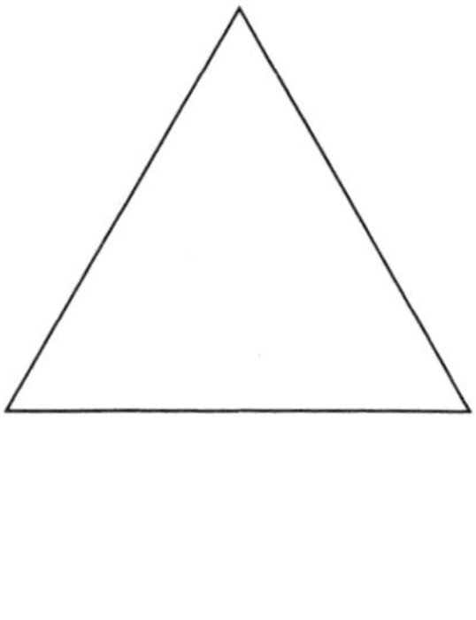

hänssler

Weitere Titel in der Reihe »Praxisbücher«:

Johannes Osberghaus
Praxisbuch Spiele zur Bibel
Pb., 150 S., Nr. 393.705, ISBN 3-7751-3705-X

Kinder lernen nicht nur durch das Erzählen von Geschichten, sondern ganz besonders auch im Spiel. Gerade deshalb kann die Verkündigung der biblischen Botschaft für Kinder im Alter von 6-12 Jahren neben Liedern auch durch passende Spiele unterstützt werden.
Johannes Osberghaus hat aus seinen über 50 Jahren Erfahrung in der Arbeit mit Kindern dieses »Spielebuch zur Bibel« verfasst, um MitarbeiterInnen Spiele an die Hand zu geben, die die Grundaussagen des Alten und des Neuen Testaments kindgerecht umsetzen. Ein wertvolles Arbeitsmittel, das Spaß und Spannung in Kindergruppen bringt und gleichzeitig Gottes Botschaft erfahrbar macht.

Karl-Hermann & Renate Schneider
Praxisbuch Ideen für Kinder rund ums Kirchenjahr
Mit Ringel und Kringel auf Zeitreise
Pb., 220 S., Nr. 393.650, ISBN 3-7751-3650-9

Spaß haben und dabei noch vieles lernen? Das können Familien und Kinder mit diesem Buch erleben. Es führt mit den beiden lustigen Bücherwürmern »Ringel und Kringel« durch das ganze Kirchenjahr. Auf dieser Reise kann man vieles entdecken: Biblische Geschichten, Wissenswertes rund um die Festtage und Brauchtum. Man erfährt zum Beispiel, seit wann es den Adventskranz gibt oder bemalte Eier verschenkt werden. Dabei werden auch weniger bekannte Feste berücksichtigt. Dieses Wissen wird kindgerecht vermittelt durch viele Spielvorschläge, Rätsel, Bastelideen und Bilder zum Ausmalen.
Das Buch eignet sich sehr gut als Begleiter durch das Kirchenjahr für Familien, Kindergruppen in Gemeinden und im Kindergottesdienst, Kindergarten und im Religionsunterricht der Grundschule.

Bitte fragen Sie in Ihrer Buchhandlung nach diesen Büchern!
Oder schreiben Sie an den Hänssler Verlag, D-71087 Holzgerlingen.

hänssler

Verena Beckmann
Praxisbuch Kreative Feste
Pb., 300 S.,
Nr. 393.514, ISBN 3-7751-3514-6

Gemeinsam feiern in der Gemeinde, auf Freizeiten und zu Hause: dazu geben diese kreativen Anleitungen zahlreiche Tipps! Zu 12 verschiedenen Themen bietet das Praxisbuch ein umfangreiches, breit gefächertes Angebot wie z. B. die Gestaltung der Einladungen, Tischschmuck, Raumgestaltung, Festessen (teilweise mit Rezepten), Tischgebete, Liedtexte, Anregungen zur Andacht und vieles mehr. Ausführliche Kinderprogramme zu jedem helfen dabei, für jede Altersgruppe ein unvergessliches Fest zu gestalten.
Die zahlreichen Ideen sind vielseitig einsetzbar, beispielsweise bei Familiennachmittagen, bunten Abenden, Freizeiten, aber auch zu Hause beim Kindergeburtstag. So finden nicht nur Gemeindemitarbeiter eine fantasievolle, kreative Fundgrube voller Überraschungen!

Brigitte Müller
Praxisbuch Puppenspiel für Kinder
Pb., 230 S., s/w-Abb.,
Nr. 393.334, ISBN 3-7751-3334-8

Kindern die biblische Botschaft mit Puppenspielen nahe zu bringen: Die etwa 25 Puppenspiele geben dazu wertvolle Anregungen. Sie schlagen eine Brücke zwischen biblischen Berichten und der Welt der Kinder heute: Themen sind u. a. die Überwindung von Angst durch Gebet, Gott als der größte Schatz und Jesus, der beste Freund.
Tipps für die Grundausstattung der Spiele und Handpuppen bzw. für die Aufführungspraxis runden das Handbuch ab.
Das ideale Praxisbuch mit vielen neuen Ideen für den Einsatz in Kindergarten, Kinderkirche, Jungscharstunden ... oder für eine ganz besondere Geburtstagsparty!

Bitte fragen Sie in Ihrer Buchhandlung nach diesen Büchern!
Oder schreiben Sie an den Hänssler Verlag, D-71087 Holzgerlingen.